Auf der Suche nach dem Gleichgewicht

im Sinne einer ehrlichen Reiterei

CHRISTOPH ACKERMANN

Auf der Suche nach dem Gleichgewicht

im Sinne einer ehrlichen Reiterei

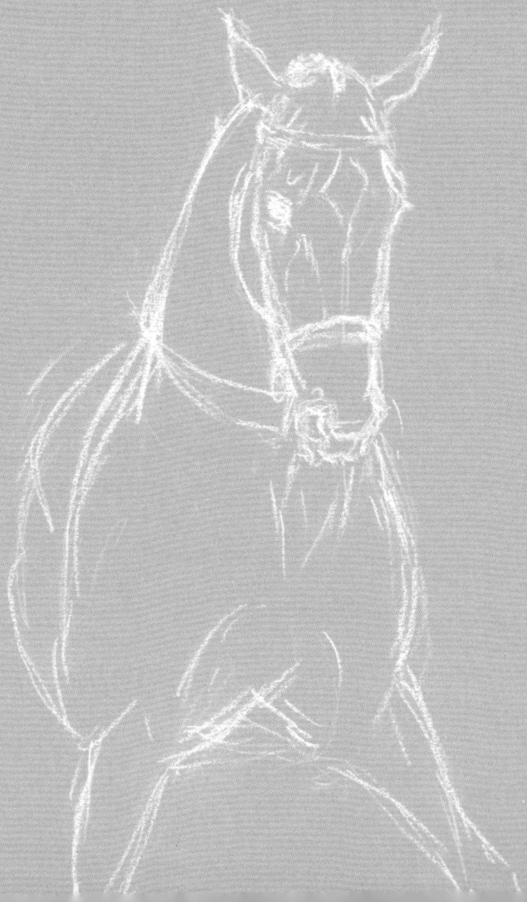

Haftungsausschluss
Die Autoren und der Verlag haben den Inhalt dieses Buches mit großer Sorgfalt und nach bestem Wissen und Gewissen zusammengestellt. Für eventuelle Schäden an Mensch und Tier, die als Folge von Handlungen und/oder gefassten Beschlüssen aufgrund der gegebenen Informationen entstehen, kann dennoch keine Haftung übernommen werden.

Gestaltung und Satz: Johanna Böhm, Dassendorf
Titelfoto: Christoph Schaffa
Fotos im Innenteil: Christoph Schaffa, Autorenfoto U2: Kirsten Fleiser,
S. 52: PferdemagazinInfo.de, S. 56,72: Rainer Dill
Zeichnungen: Renate Blanck
Druck: Westermann Druck, Zwickau

Deutsche Nationalbibliothek – CIP-Einheitsaufnahme
Die Deutsche Nationalbibliothek verzeichnet diese Publikation in der Deutschen Nationalbibliografie; detaillierte bibliografische Daten sind im Internet über http://dnb.ddb.de abrufbar.

Printed in Germany
ISBN: 973-3-95847-024-8

Inhalt

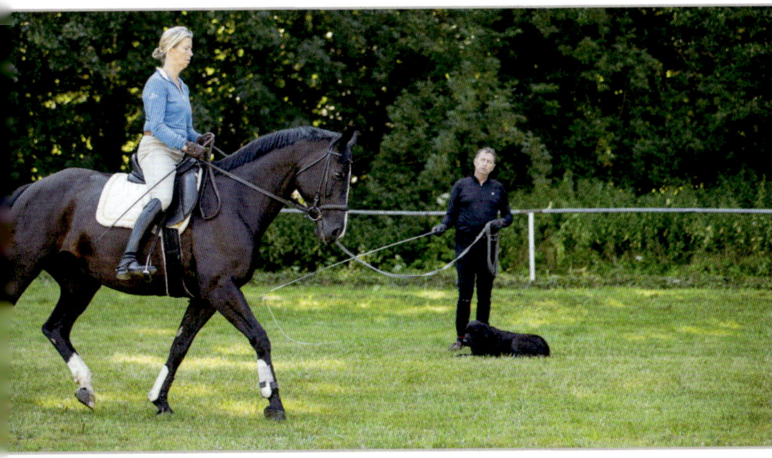

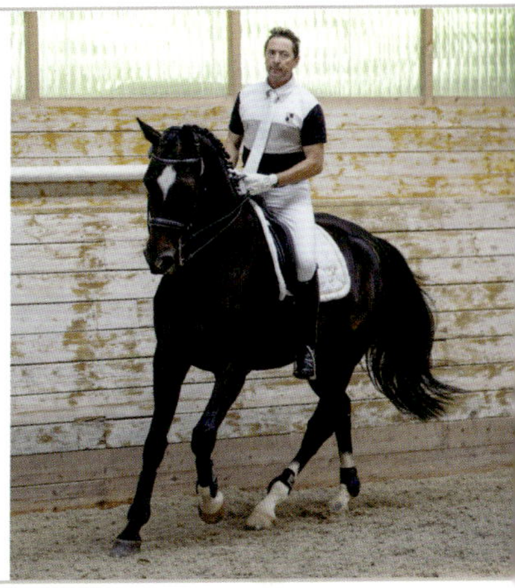

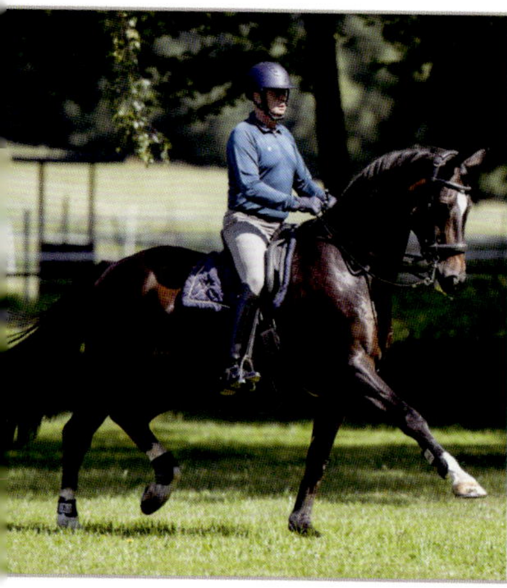
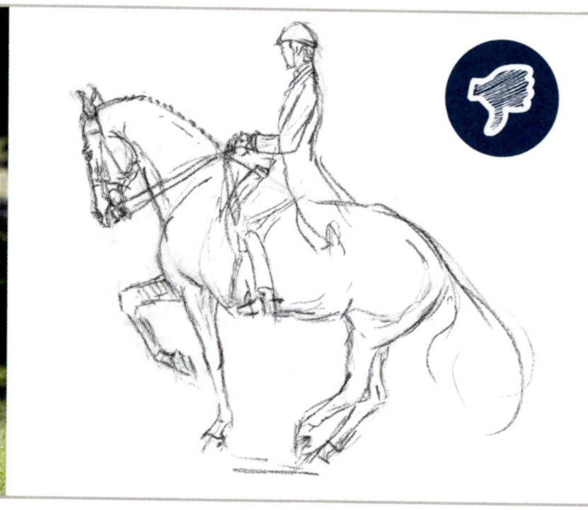
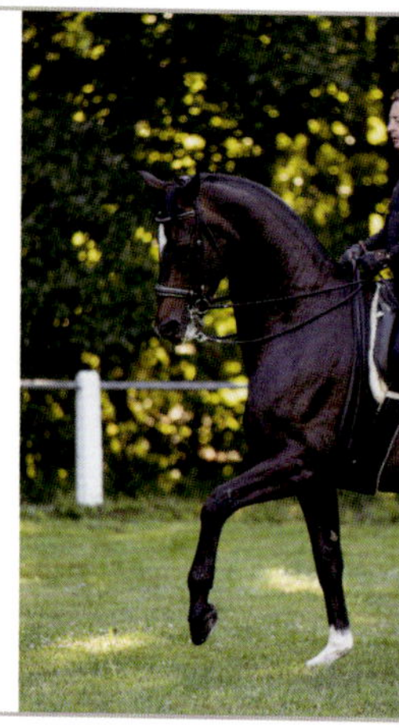

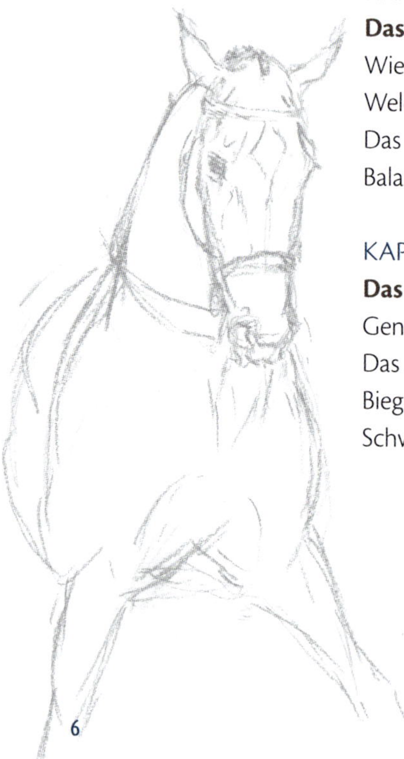

KAPITEL 3

KAPITEL 4

Inhalt

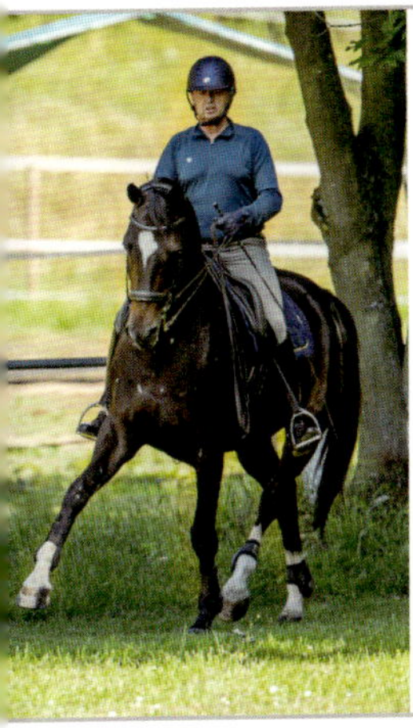

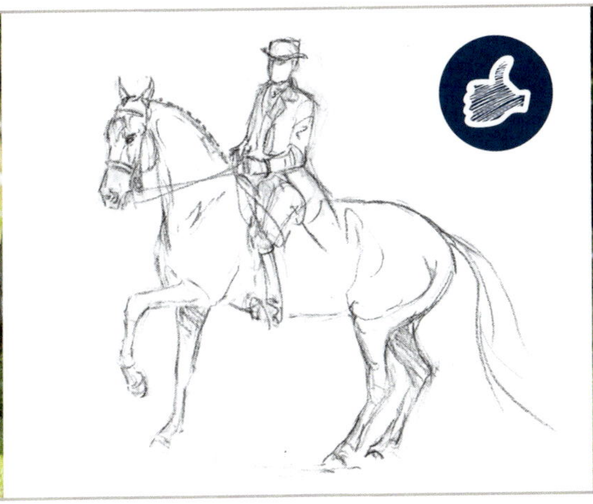

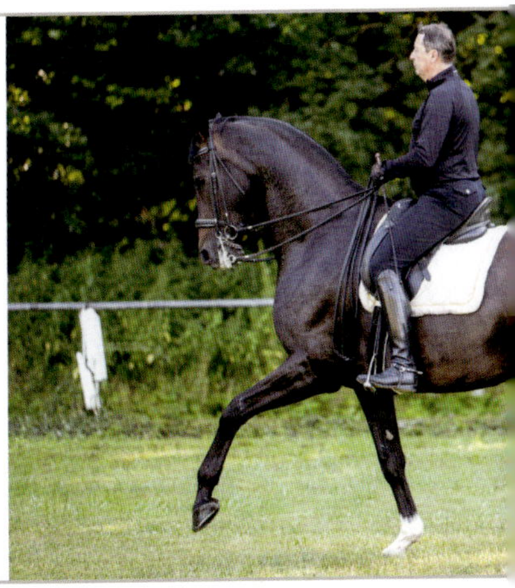

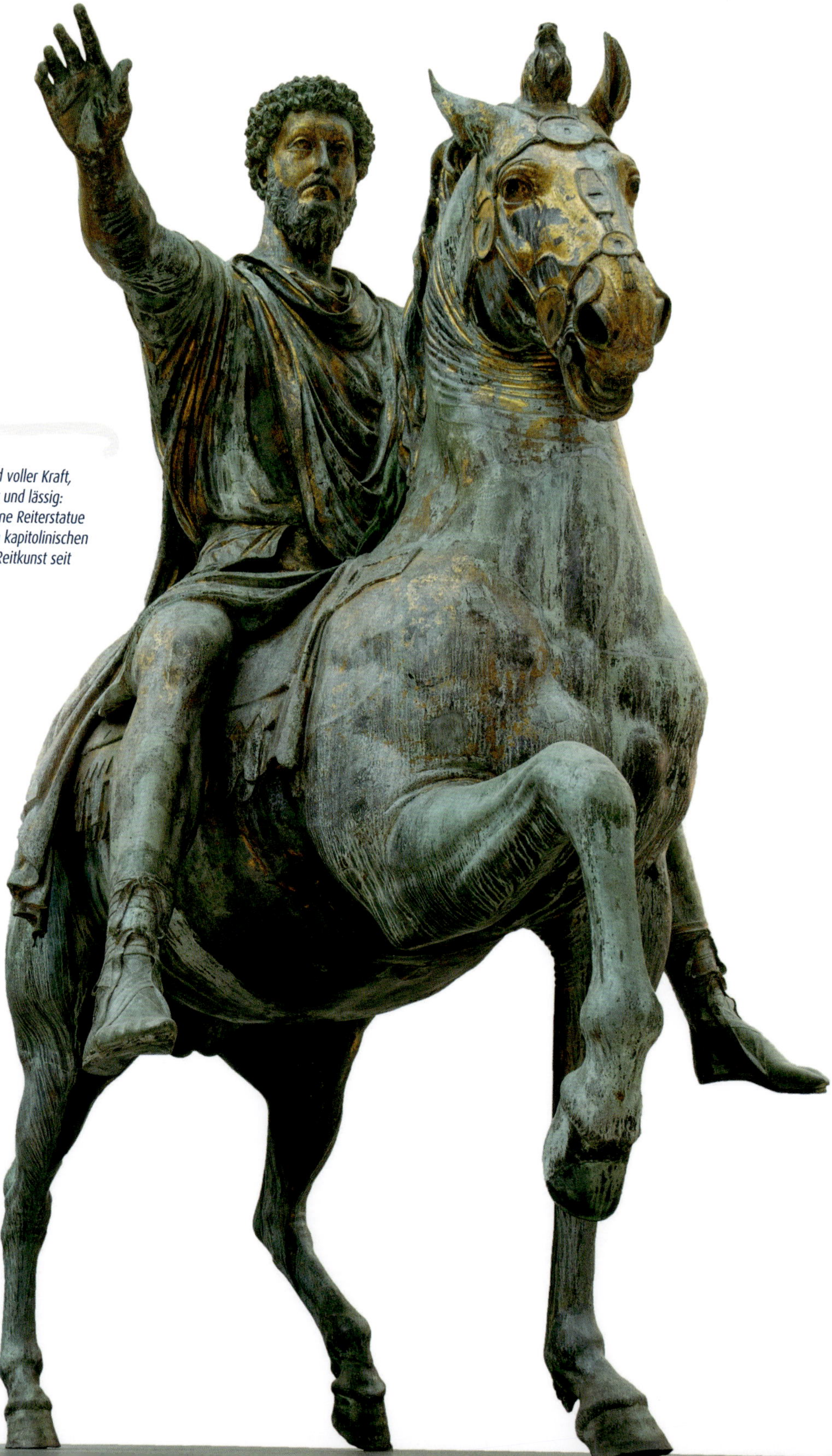

Das Pferd stolz und voller Kraft, der Reiter aufrecht und lässig: die sagenumwobene Reiterstatue Mark Aurels in den kapitolinischen Museen in Rom – Reitkunst seit fast 2000 Jahren.

Nichts hat solch eine Macht,
den Geist zu erweitern,
als die Fähigkeit, systematisch
und aufrichtig zu forschen
über alles, was dir im Leben
zur Beobachtung begegnet.

Mark Aurel

Reitkunst sensibel

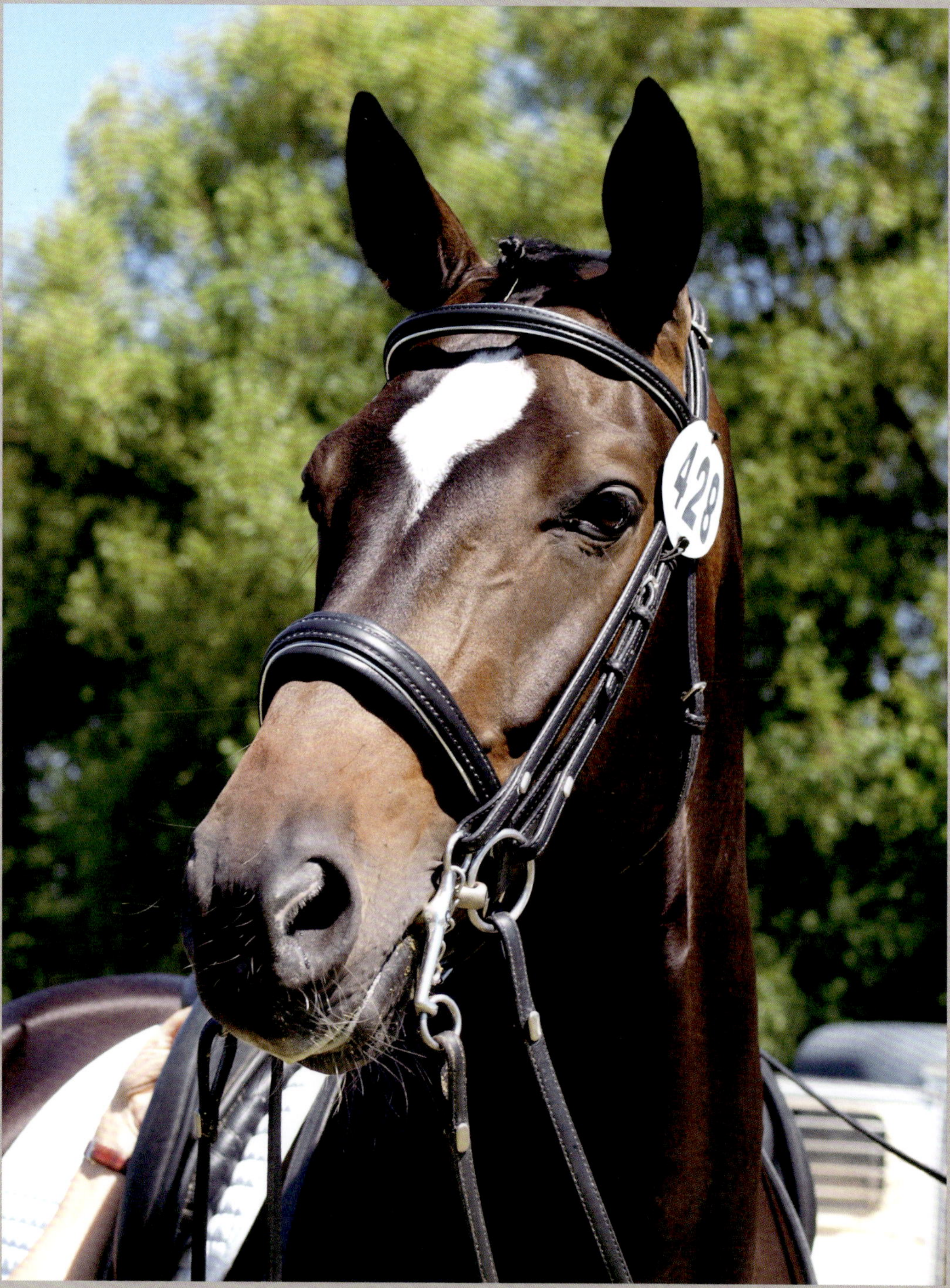

Reitkunst sensibel

Vorwort

Vorwort

Ein Schüler erinnert sich

Die Adresse ist noch immer dieselbe wie vor vielen Jahren: Egon von Neindorff, Nancystraße 1, Karlsruhe. Und es hängt noch immer ein großes Schild an der Reithalle: „Hochschule für Reiter und Pferd".

Neindorff war mein Lehrer, und später wurde auch Christoph Ackermann von ihm in die Reitkunst eingeweiht – über drei Jahrzehnte hinweg. Der Buchtitel, den Christoph hier ausgewählt hat, heißt: „Auf der Suche nach dem Gleichgewicht". Damit hat er den Kern dessen getroffen, was wir bei Neindorff gelernt haben.

Ich werde Ihnen eine kleine Anekdote über das Erlernen und Lehren der perfekten Balance erzählen – und darüber, wie viel Freude man aus dieser Arbeit ziehen kann.

Für einen Artikel der „Norddeutschen Zeitung" vom September 1953 hat der Wiener Hofbereiter a. D. Ludwig Zeiner aus seinem Leben berichtet:

Es begann 1898 im Sattel eines Fahrrads. Eines dieser neumodischen „Niederräder", die, mit Vollgummireifen ausgerüstet, die staksigen Hochräder zügig überholten. Im Wiener Park Schönbrunn klettert der damals 13-jährige Ludwig, Sohn eines Wagenbauers, aufs Rad und steht nach einer Stunde freihändig auf dem Sattel. Dass ihn Oberhofstallmeister Fürst Liechtenstein beobachtet, ist einer der ersten grandiosen Zufälle in Zeiners Leben.

Der Fürst ist beeindruckt von Ludwigs Balance: Wer seinen Körper so im Griff hat, taugt zum guten Reiter. Bereits zwei Tage später tritt der 13-Jährige in die Spanische Hofreitschule ein, wo Hans Meixner Oberbereiter ist. „Mein Lehrmeister" schreibt Zeiner mit schwungvoller Schrift und blauem Kopierstift auf die Rückseite eines Fotos.

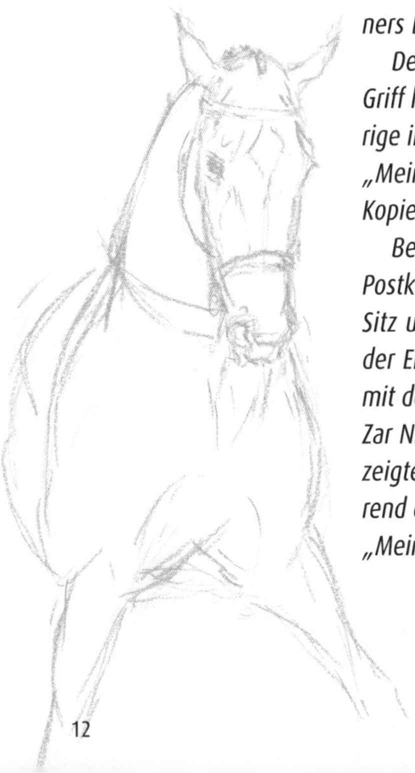

Bei Meixner, dessen perfekte Levaden schon Anfang des Jahrhunderts Postkarten zieren, lernt Zeiner in den nächsten Jahren vor allem korrekten Sitz und Handarbeit. Zeiners Spezialitäten: die berühmten Schulen über der Erde. Bei einer Levade bleibt sein Hengst einmal sogar 14 Sekunden mit den Vorderbeinen in der Luft. Dafür applaudiert ihm eines Tages sogar Zar Nikolas II. An der Kavallerieschule der Wehrmacht in Berlin-Krampnitz zeigte Zeiner einen kleinen Lipizzanerhengst namens Pluto, das war während der wöchentlichen Vorführungen unter Felix Bürkner. Zeiner schreibt: „Mein Pluto machte acht wunderschöne Courbetten an der langen Seite an

> Wer seinen Körper so im Griff hat, taugt zum guten Reiter.

der Hand." Sogar einen Trakehnerhengst führte er auf dem offenen Reitplatz der Kavallerieschule in einer meisterhaften Kapriole vor.

„Herr Hofbereiter a. D. Ludwig Zeiner war in der Handarbeit unübertroffener Meister", erinnert sich auch Major a. D. Paul Stecken, der 35 Jahre lang die Westfälische Reit- und Fahrschule in Münster leitete.

Die ersten Jahre des 20. Jahrhunderts waren für den Eleven Zeiner freilich eher Lehr- als Herrenjahre. Nach einem Jahr Stalldienst, Putzen und Füttern in der Hofreitschule fragte er den berühmten britischen Löwendompteur Tate nach dem Geheimnis seiner Tierdressur. Der erklärte ihm: „Man muss die Regungen der Tiere mitfühlen und sie leiten. Kein Zwang, keine Gewalt!"

Zeiner wird sich zeitlebens an diesen Rat halten. Aber wie kann man ihn umsetzen? Dieses Geheimnis hat er nicht etwa mit ins Grab genommen, denn er wurde selbst zum Lehrer. Reitern, Richtern und allen, die es gern werden wollten, hat er vor seinem Tod 1960 seine Lebensgeschichte erzählt und sein Wissen weitergegeben. Er schrieb auch Bücher, um überleben zu können. Über die Reitkunst und die Balance hat er allerdings nichts aufgeschrieben. Kein Wort. Aber glücklicherweise gehörte Egon von Neindorff zu den Schülern, die er persönlich in die Geheimnisse der Reitkunst eingewiesen hat. „Von Neindorff war Meister der Handarbeit ...", das kann man mit Fug und Recht ebenfalls behaupten – und diese sehr besonderen Kenntnisse hat Hofbereiter a. D. Ludwig Zeiner ihm übermittelt. Der „Chef", so nannten wir unseren Lehrer Neindorff, hat wiederum den ernsthaften Versuch gemacht, diese Geheimnisse der Reitkunst, die sehr oft die körperliche und seelische Balance des Pferdes betreffen, auf uns zu übertragen.

Ich erzähle Ihnen noch eine Geschichte zum Thema Balance: An der Ungarischen Kavallerieschule in Örkénytábor (1922–1945), gelegen ungefähr 60 Kilometer südwestlich von Budapest, wurden die Gesetze der Balance in der klassischen Reitkunst gemessen und getestet. Zwei große Waagen standen sich gegenüber. Sie ergaben eine Fläche so groß wie eine Pferdebox, obendrauf ein Pferd mit Reiter im Sattel. Auf Waage eins die Vorderhand, auf Waage zwei die Hinterhand. Drum herum standen Militär- und Gestütsoffiziere und Stabsveterinäre mit Bleistift und Papier in der Hand. Die Waage zeigte eine Gewichtsverteilung auf den beiden Flächen von 50 zu 50. Es wurde nachdenklich geschrieben und auf dem Papier gekratzt, das Pferd studiert und mit großen Augen auf die Zahlen auf den zwei Waagen geguckt. Der nächste Schritt war das Anpiaffieren des Pferdes: Waage eins (Vorderhand) zeigte 48 Prozent und Waage zwei (Hinterhand) 52 Prozent. Und das, obwohl das Pferd seinen Hals und Kopf selbst tragen muss. So konnte man damals vor 100 Jahren in Ungarn die Richtigkeit der Dogmen der klassischen Reitkunst wissenschaftlich bestätigen.

Wussten Sie, dass sich das Sinnesorgan für Ihr eigenes Equilibrium in Ihrem Ohr befindet? Jetzt aber Ohren auf! Beim Pferd ist dies genauso! Steht ein Ohr tiefer in der Mutter aller Pferdegymnastik, im Schulterherein, bedeutet das, dass entweder der Reiter oder das Pferd nicht im Gleichgewicht ist. Das Pferd verwirft sich im Genick, es zeigt dem Reitlehrer, Reiter, Richter und Trainer: „Ich versteife mich, ich komme aus der Balance!“, und flugs ist das „klassische Gleichgewichtsreiten“ im Eimer.

Schade, dass die meisten Reiter und Richter das nicht mehr sehen können. Bräuchten Sie vielleicht eine bessere Brille oder einen anderen Blickwinkel? Augen auf, und lesen und studieren Sie diese ernsten Worte, welche Christoph Ackermann über die „Suche nach dem Gleichgewicht“ schreibt.

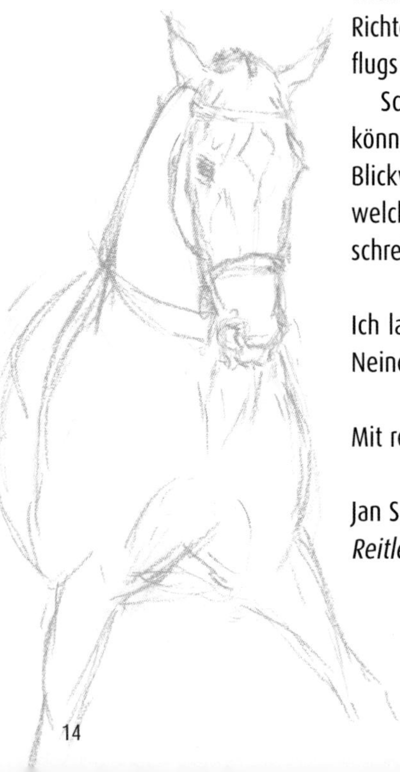

Ich lade Sie herzlich dazu ein und zitiere unseren Lehrmeister Egon von Neindorff: „Reiten tut man mit dem Kopf!“

Mit reiterlichem Gruß

Jan S. Maiburg,
Reitlehrer/Fahrmeister FN

„Reiten tut man mit dem Kopf!"

Egon vom Neindorff

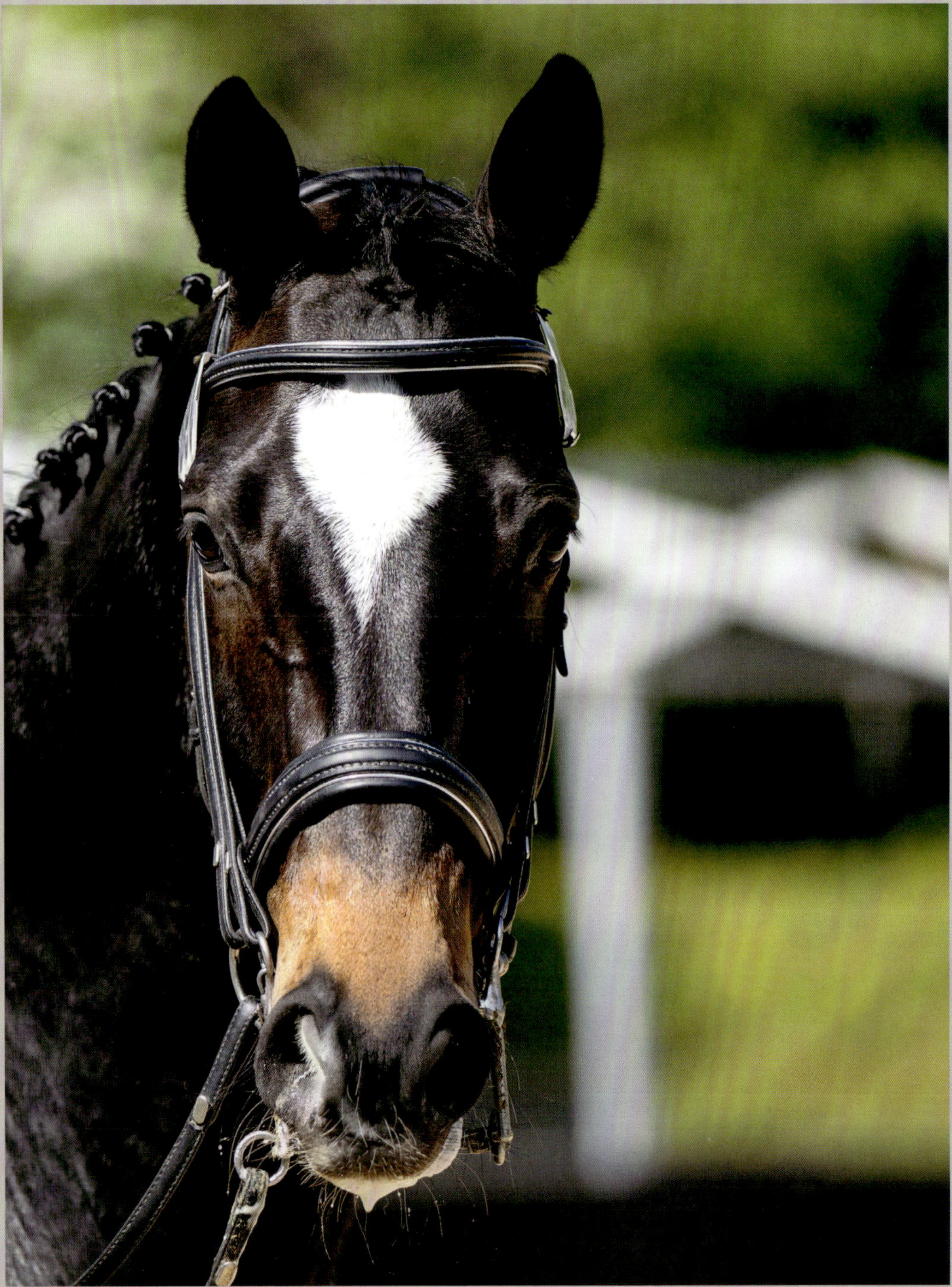

Einleitung

Einleitung

Nehmen wir die Sache der ehrlichen Reiterei ernst!

Eine gemeinsame, energetische Balancesituation zu erreichen, macht die Reitkunst zu einer sehr schönen, aber auch sehr schweren Aufgabe, die nie ganz vollendet werden kann, sodass ein oder mehrere Menschenleben nicht ausreichen, um sie perfekt zu beherrschen. Künste und Wissenschaften erlernen wir im Übrigen auch nicht während des Schlafens und auch nicht durch Bequemlichkeit. Zwar bringen einige Schüler eine überdurchschnittliche Begabung mit. Das Talent allein reicht aber nicht aus, um gut reiten zu lernen. Manch ein Talentierter wird in der reiterlichen Ausbildung von einem „Normalo" überholt – und das ist nicht so selten. Erlernen kann man viele besondere Fähigkeiten. Nur der eigene Fleiß der Arbeit und die Mühen der ständigen Übungen und deren Wiederholungen bringen uns zur Harmonie, die zwei gegensätzlichen Nervensysteme so unterschiedlicher Lebewesen wie Pferd und Mensch zu einem erfolgreichen Großen und Ganzen zusammenzuführen.

Mein Lehrer Egon von Neindorff sah den klassischen Weg, der sich über Jahrhunderte erfolgreich als systematischer und gesund erhaltender Ausbildungsweg für das Pferd erwiesen hat, als den einzig richtigen und bezeichnete ihn als die Sache. Da dies auch für mich zu 100 Prozent Gültigkeit hat, werde ich diesen Begriff der „Sache" im Text öfter benutzen.

Bis zu einem gewissen Grad, zum Beispiel bis zum Thema Anlehnung in der Ausbildungsskala, sollte dieses harmonische Große und Ganze jeder erreichen können. Um es zu erlangen, müssen wir eine lange Durststrecke zurücklegen und unser Bestes geben. Ein echter, engagierter Reiter kann das! Doch viele „moderne" Reiter wollen diesen anstrengenden Weg nicht gehen. Ersatzweise treffen wir dann aber auf geschwätzige Kommentare, gepaart mit modischen Reitaccessoires, die zeigen sollen, wie bedeutsam jene Reiter sind, und den Glanz ihres eitlen, aber reiterlich unbeleckten Auftretens unterstreichen sollen.

Aber ist es nicht doch in der täglichen Arbeitswelt, der Wirtschaft oder in der Wissenschaft so, dass die dort engagierten Menschen acht bis zehn Jahre, ja ihr Leben lang einem Lernprozess unterzogen sind? Und in den Künsten reicht ebenso eine Lebenszeit nicht aus, um annähernd vollkommen zu werden.

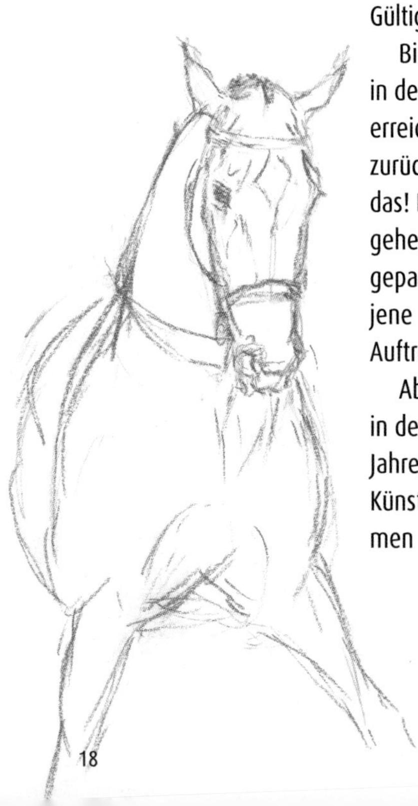

> Wir brauchen jetzt eine Art Renaissance der Reitkultur.

Nun ist das Reiten eine der schwersten Künste überhaupt. Hier kommen nämlich zwei Persönlichkeiten zusammen. Trotzdem gibt es unzählig viele vermeintliche Fachleute des Reitens, die sich in allerkürzester Zeit so viel Wissen angeeignet haben wollen, wie ein vollkommener Reiter in seinem ganzen Leben generell erfahren kann. Schnell werden dann auch noch teuerste Pferde gekauft, die den erwarteten Erfolg gewährleisten sollen, ganz gleich, wie sie geritten werden. Würde das tatsächlich so funktionieren, dann könnten sich alle reichen Menschen reiterliche Qualitäten kaufen. Aber sie betrügen sich nur selbst, denn die Reitkunst und der richtige Umgang mit dem Pferd sind alles andere, aber nicht leicht!

Aktuell richten sich die Blicke auf die Vorhand, insbesondere auf Hals und Kopfposition des Pferdes, den Rest des Tieres übersehen wir sozusagen. Meiner Meinung nach kommt das daher, dass wir uns heutzutage von einer ungefilterten Flut von Bildern und Filmen verleiten lassen und diese als richtig annehmen, ohne mit der nötigen Sorgfalt Abläufe und deren Zusammenhänge genauer zu hinterfragen. Würden wir Bilder sowie Bewegungen mit mehr Wissen und genauer betrachten, dann kämen wir zu einem viel differenzierteren Ergebnis. Der geeignetste Ansatz, Dargebotenes besser bewerten zu können, wäre, das Pferd im Hinblick auf Balance und Harmonie zu beurteilen.

Bei der Balance geht es physikalisch darum, Fliehkräfte wie die Zentrifugalkraft (von innen nach außen wirkend) und ihre Zentripedalkraft (gegenläufig, also der Zentrifugalkraft entgegengesetzt von außen nach innen wirkend) unter Berücksichtigung der Erdanziehung ins Gleichgewicht zu bekommen. Erst wenn diese gegenläufigen Kräfte sich ausgleichen, sind sie im Gleichgewicht. Ist das der Fall, dann bringt uns die Normalkraft (senkrecht zur Gravitation), die sich auf den Schwerpunkt jedes Körpers bezieht, tief in den Sattel und damit in die Bewegung des Pferdes.

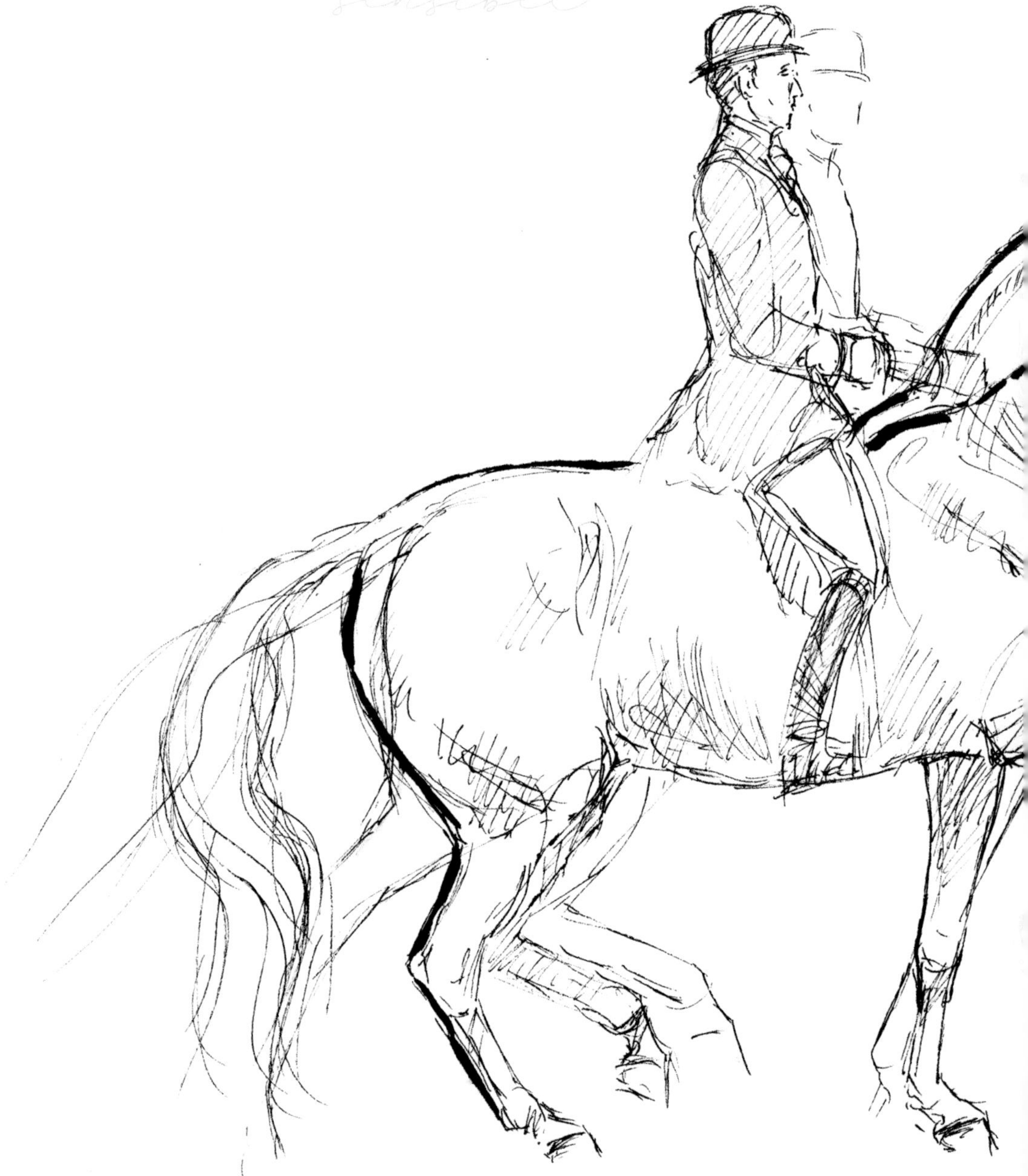

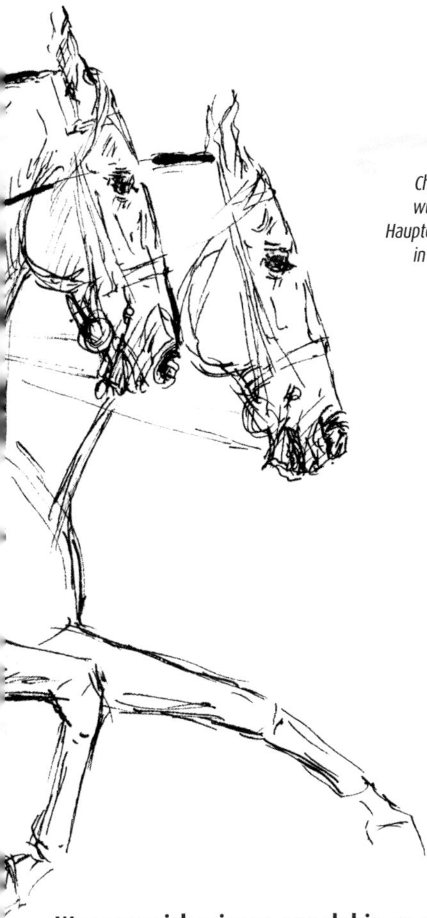

Christoph Ackermann auf seinem Erfolgspferd Champus, wunderbar gezeichnet von Renate Blank. Das reiterliche Haupterfordernis: unsere Pferde in allen Gängen und Touren in die richtige Balance zu bringen und darin zu erhalten.

Was muss ich wissen, um dahin zu gelangen?

Physikalisch gesehen befindet sich jeder Körper zu einem gegebenen Zeitpunkt in einer bestimmten Lage. Jeder Körper hat somit genau einen Schwerpunkt. Diese Lage kann verändert werden. In welchem Gleichgewicht sich ein Körper befindet, hängt von der Lage des Schwerpunkts ab. Befindet sich ein Körper in Bewegung, so liefert er eine ständige Veränderung (räumlich, zeitlich) seines Schwerpunkts in Reihe ab, sodass wir dann von einer Schwerpunktlinie sprechen müssen. Die passende Gleichgewichtslage beim Pferd ist die Voraussetzung, dass es uns die Energie und den Antrieb liefern kann, die feines Reiten für uns erst ermöglichen. Beim Reiten haben wir es aber gleich mit zwei Körpern zu tun.

Mit dem Titel dieses Buchs schließe ich mich ganz bewusst der berechtigten Kritik Louis Seegers an, einem der großen und bedeutenden Reitmeister im 19. Jahrhundert. In seiner Schrift *Herr Baucher und seine Künste* (1852) mit dem Untertitel *Ein ernstes Wort an Deutschlands Reiter* prangert er Reitweisen an, die nicht pferdekonform sind und dem Ansehen aller ehrlichen Reiterei schweren Schaden zufügen.

Louis Seeger erklärt in seinen Büchern *System der Reitkunst* und *Herr Baucher und seine Künste*, welche große Rolle die Gleichgewichtssituationen im Pferd spielen. Er beschreibt darin die horizontale Balance im Detail und weshalb sie die Schlüsselposition im System der Reitkunst einnimmt. Sein Schüler ist Gustav Steinbrecht, dessen Wissen die Reitvorschriften in Deutschland geprägt hat. So beeinflusste er auch indirekt die heutigen Richtlinien der Deutschen Reiterlichen Vereinigung (*Fédération Équestre Nationale*, FN). Der zweite Band dieser Richtlinien benennt Louis Seeger als gottbegnadeten Ausbilder und hebt einen Ausspruch von ihm hervor, der Ewigkeitswert beansprucht: „Vergesst nie, dass die Fortbewegung die Seele der Reitkunst ist und der Impuls dazu von der Hinterhand ausgeht." Denn die Hinterhand ist der entscheidende Ausgangspunkt, um die Balance im Pferd zu trainieren.

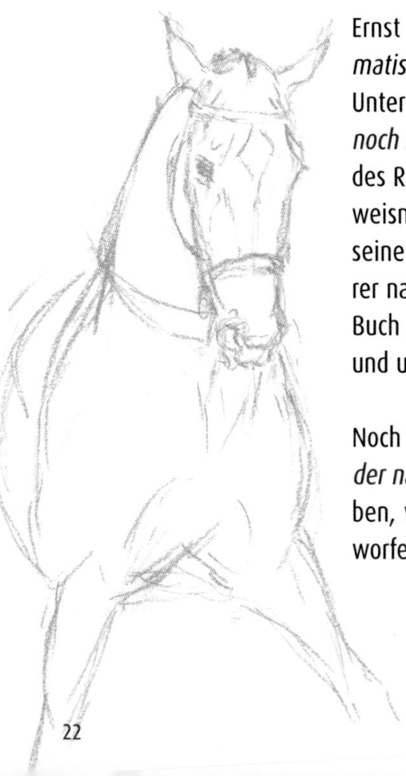

Ernst Friedrich Seidler betont 1837 in seinem Buch *Leitfaden zur systematischen Bearbeitung des Campagne- und Gebrauchspferdes*, mit dem Untertitel: *mit besonderer Berücksichtigung junger Pferde, deren Körper noch nicht kräftig ausgebildet ist*, die Arbeit an der Balance als erste Pflicht des Reiters. Er warnt vor den bereits damals bestehenden Trends, die uns weismachen wollen, Reiten sei leicht und mühelos zu lernen. Er beginnt seine Ausführungen damit, wie junge Pferde unter Wiedererlangung ihrer natürlichen Balance angeritten werden. Immer wieder wird in seinem Buch das Thema Gleichgewicht als fundamentales Wissen vorausgesetzt und unterstrichen.

Noch früher, um 1800, hat Ludwig Hünersdorf in seinem Buch *Anleitung zu der natürlichsten und leichtesten Art, Pferde abzurichten* bereits beschrieben, wie unvernünftig Pferde entkräftet und aus dem Gleichgewicht geworfen wurden. Der daraus entstehende Schaden für das Pferd war groß.

Wichtiges Prinzip für ihn war, dass ein gut gerittenes Pferd die Anlehnung sucht und darüber ins Gleichgewicht gebracht wird.

Für Gustav Steinbrecht gilt am Ende des 19. Jahrhunderts: „Der Bereiter hat seine Aufgabe erfüllt und sein Pferd vollkommen ausgebildet, wenn er die beiden in der Hinterhand ruhenden Kräfte, die Schieb- und Tragkraft, letztere in Verbindung mit der Federkraft, zur höchsten Entfaltung gebracht hat und in ihren Wirkungen wie in ihrem Verhältnis zueinander beliebig und genau abzuwägen vermag."

Das gesamte System der Reitkunst basiert demnach auf zwei Grundpfeilern: Gleichgewicht und in der Folge Biegsamkeit, die Voraussetzung für alle Lektionen und Regeln sein sollten. Denn das Aktive, die Beweglichkeit und Leichtigkeit kommen aus der Balance, und aus der geschmeidigen Biegsamkeit lassen sich Geschicklichkeit und Gehorsam entwickeln.

In den Richtlinien (Band 2 von 1990) bestehen die Autoren darauf, dass folgender klassisch formulierter Satz von François Robichon de La Guérinière bis heute volle Gültigkeit hat: „Der Zweck der Ausbildung eines Pferdes ist, es durch systematische Arbeit ruhig, gewandt und gehorsam zu machen, damit es angenehm in seinen Bewegungen und bequem für den Reiter wird."

Ferner wird dort ausgeführt, dass man sich darüber im Klaren sein müsse, dass die Grundlagen der Gebrauchsschule beim Pferd gefestigt und die Forderung an den Reiter, dass nur aus einem korrekten Balancesitz präzise und richtige Hilfen gegeben werden können, absolut erfüllt sein müssen. Darüber hinaus müsse der Reitlehrer die Reitkunst im Rahmen seiner Aufgaben praktisch wie theoretisch beherrschen.

Wenn die reiterlichen Dachverbände, wie zum Beispiel die Deutsche Reiterliche Vereinigung, immer neue (vermeintlich verbesserte) Richtlinien für Reiten und Fahren herausbringen, um sie in der Praxis umgesetzt zu sehen, machen sie uns glauben, dass dahinter die fachgerechte Ausbildung von Pferd, Reiter und Fahrer im Sinne der klassischen Lehre steht. So war das bestimmt auch einmal gedacht. Im Gegensatz dazu steht meiner Ansicht nach nun leider das, was wir in der heutigen Zeit auf Messen, in Shows und vor allem im Turnierzirkus sehen, den die FN und ihre angeschlossenen Landes- und Regionalverbände nach wie vor verantworten.

Ich bin der Meinung – und da bin ich nicht allein mit meiner Gesinnung –, dass sich die reiterlichen Dachverbände für einen fairen Umgang mit dem Pferd deutlich verstärkt einsetzen müssen, was aber leider nicht hinreichend geschieht. Gleiches Szenario schlechten Reitens finden wir ebenso in anderen Reitweisen. Es wäre doch eine riesige Chance für die Verbände, insbesondere für die FN, sich an ihre eigenen Ausbildungsregeln zu halten und sich damit positiv abzuheben. Aber Derartiges ist bislang überhaupt nicht erkennbar, und es bleibt mir ein Rätsel, wie man eine solche Gelegenheit vergeben kann. Nur bei großen internationalen Turnieren wie dem CHIO in Aachen finden wir noch genügend Publikum. Auf kleineren Wettbewerben gibt es kaum noch Zuschauer, nur die Helfer und Eltern der Aktiven und diese selbst sind zu sehen. Es ist längst so weit, dass inzwischen schon niemand mehr auf Turnieren in schweren Prüfungen durchgerittene Pferde erwartet, die dem ursprünglichen Begriff, ja dem ehrenvollen Prädikat „Schulpferd“ noch irgendwie nahekommen.

Die Themen horizontale, vertikale sowie seelische Balance des Pferdes, Takt und Losgelassenheit kommen beim Gros der Reiter viel zu kurz. Das genaue Wissen darum ermöglicht uns überhaupt erst den artgerechten Ausbau der Aktionsfähigkeit eines sich natürlich bewegenden Pferderückens – ein langer und unbequemer Weg für uns Reiter, wenn wir es ernst nehmen, an dieser Sache zu arbeiten. Es liegt bei uns selbst, den dringend notwendigen Balancesitz auszufeilen. Allein um ein passendes Gefühl für den jeweiligen Takt, zum Beispiel im Trab, zu erlangen, bedarf es des Wissens um Details sowie jahrelangen, punktgenauen, stark konzentrierten und engagierten Trainings. Denn sonst kommt der Reiter nie dazu, das richtige Gefühl für den Takt aufzubringen und sich mit seiner Hilfengebung danach ausrichten zu können.

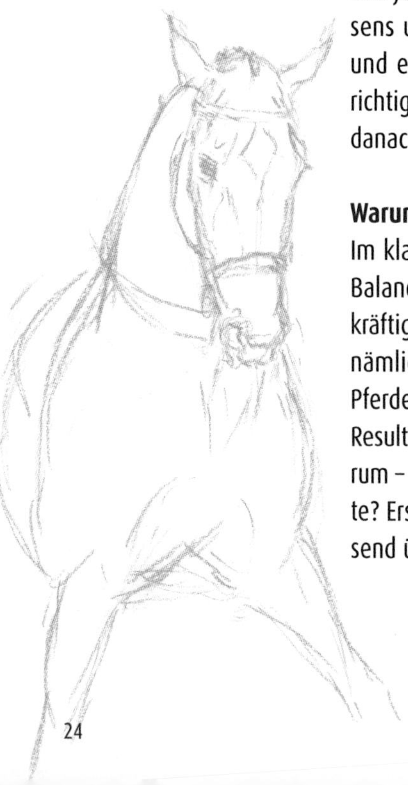

Warum mir das schwer auf der Seele liegt

Im klassischen Reitsystem, dessen Basis die natürlichen Anlagen und die Balance des Pferdes sind, ist es das Ziel, die Pferde in der Bewegung zu kräftigen und zu kultivieren. Aber wie oft sehen wir das Gegenteil davon, nämlich Reiter, die komplett außerhalb der Bewegungsschwerlinie des Pferdes sitzen und sich nicht einmal um ihre eigene bemühen wollen, als Resultat falscher Methoden und derer Derivate um die Ausbildungsskala herum – während das Pferd von Haus aus gefallen und es gut machen möchte? Erst wenn beide Schwerpunktlinien, also die von Reiter und Pferd, passend übereinanderliegen, können wir von Bewegungsharmonie sprechen.

Haben wir dieses gemeinsame Gleichgewicht nicht erreicht, stören wir das Pferd ganz empfindlich in seiner natürlichen Losgelassenheit und damit in seiner optimalen, effizienten Leistungsfähigkeit.

Wir erkennen das zum Beispiel daran, dass der sich schlecht verhaltende Reiter in Rücklage (mit dem Oberkörper hinter der Senkrechten zum Boden) sitzt, wackelt oder sogar aktiv mit seiner Mittelpositur schiebt. Wir sehen rückwärts rund gemachte Pferdehälse, feste Rücken und geschundene Pferde. Hingedrückte Lektionen sind das Ergebnis – und die Galerie klatscht vor Freude in die Hände. Das Pferd wird durch ein solches Verfahren außerstande gesetzt, sich natürlich und harmonisch zu zeigen, stattdessen sehen wir mechanisierte, stakkatoartige Bewegungen eines Schenkelgängers, die alles Elegante, Spielerische und Leichtfüßige komplett vermissen lassen. Diese Pferde gehen allesamt und ausnahmslos auf der Schulter. In den Trabverstärkungen ist das Vorschleudern der Vorderbeine gang und gäbe, sodass das Pferd nicht mehr dorthin treten kann, wohin der Huf zeigt. Der Grund dafür liegt im gestörten Gleichgewicht, und die Hinterhand kann nicht den halben Weg folgen, welchen die Vorhand vorzugeben scheint. Hier wird nur noch Gangmechanik mit Gangmechanik plump verglichen, bar eines tieferen Wissens um die Sache. Genau dieses falsche „Bewegungsbild" eines seelisch, geistig und körperlich verkrampften Tieres, ein Bild, das aus der Unvernunft des Menschen resultiert, wird uns dann als exzeptionell und erstrebenswert verkauft. Dies entspricht aber ganz und gar nicht mehr der klassischen Lehre, die sich ausschließlich an den natürlichen Möglichkeiten unseres Vierbeiners in seiner Leistungserbringung orientiert.

So finden wir auch in FN-nahen Fachzeitschriften, Reiterkalendern und offiziellen Sportberichten Abbildungen von Pferd und Reiter, die nichts mehr mit einem richtig gehenden Pferd zu tun haben. Diese Zerrbilder haben sich längst in den Köpfen der Betrachter manifestiert und werden, mangels Wissens, als fehlerfrei und gut erachtet. Es tut not, unseren Blick und unser Gefühl für ein korrekt, harmonisch und im Einklang mit dem Reiter gehendes Pferd zu schulen. Wir brauchen jetzt eine Art Renaissance der Reitkultur. Die Rückbesinnung auf die Grundsätze pferdegerechten Reitens, die alte Meister voriger Jahrhunderte für uns bewahrt und vererbt haben und die endlich wieder dorthin gestellt werden müssen, wo sie richtigerweise hingehören – nämlich in den Mittelpunkt aller Reiterei!

Reitkunst sensibel

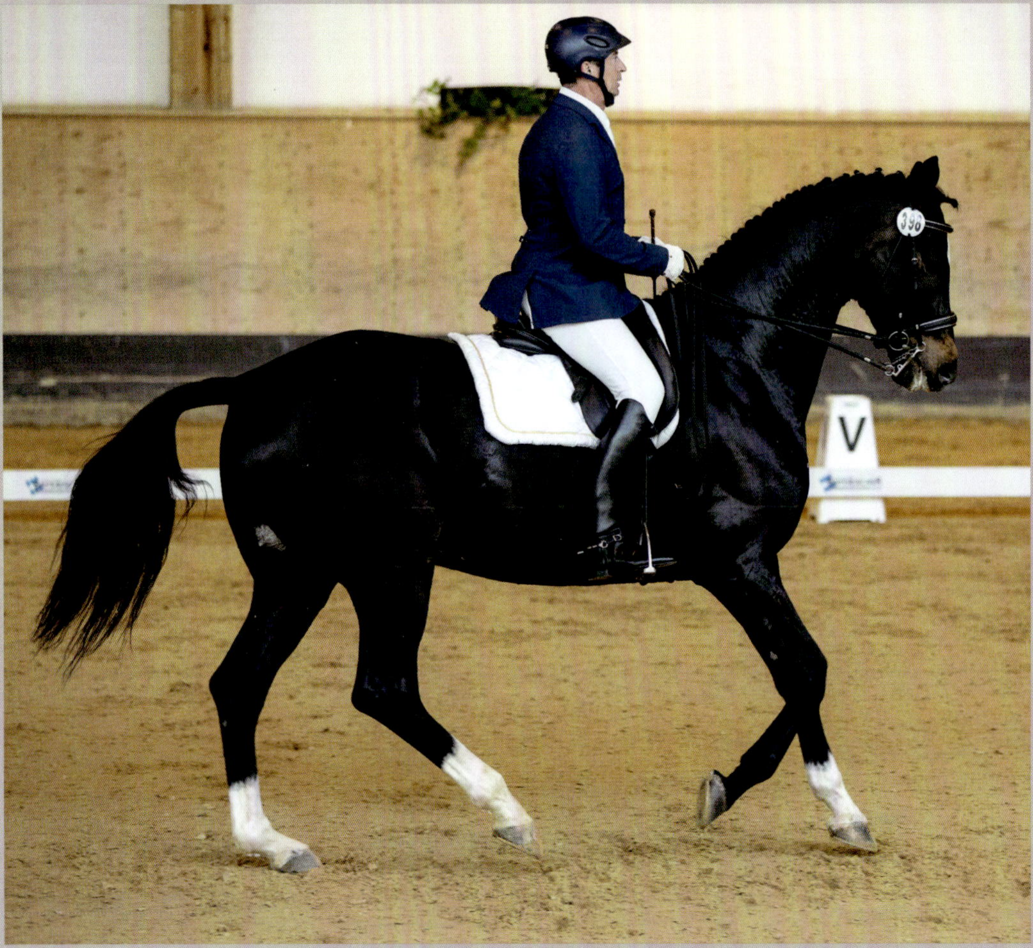

Reitkunst sensibel

Kapitel 1

Gleichgewicht und Leistungsfähigkeit: der Balancesitz

Wie kann ich Leistung von meinem Pferd abfragen und ihm gleichzeitig Freude an der Arbeit vermitteln? Halten wir zuallererst fest, dass zu keiner Zeit das Pferd darum gebeten hat, geritten zu werden. Wenn wir das denn tun, dann sollten wir uns dem Tier gegenüber richtig – und damit meine ich anständig – benehmen. Halten wir uns daran, spricht alles dafür, zu reiten und auch Leistung einzufordern. Genau diese pferdefreundliche und effektive Herangehensweise ermöglicht uns die Lehre der klassischen Reitkunst, die sich ausschließlich an der Natur des Pferdes ausrichtet.

Um pferdegerecht auszubilden und zu reiten, müssen wir als Erstes wissen, dass es in diesem Zusammenhang vier Balancetypen gibt, die wir kennen und beherrschen müssen:

1. den Balancesitz
2. die mentale Balance des Pferdes
3. die horizontale Balance des Pferdes
4. die vertikale Balance des Pferdes

Zunächst müssen wir die Messlatte bei uns selbst anlegen, das heißt, wir müssen uns einen passenden, von der Hand völlig unabhängigen Balancesitz aneignen, der sich mit großer Disziplin und Ruhe in die Bewegungsabläufe des Pferdes einfügen kann. Ein guter Balancesitz ist Voraussetzung und kann die Balance des Gesamtsystems aus Pferd und Reiter erheblich fördern.

Ein empathischer Sitz nimmt Rücksicht auf das Alter und die Ausbildungssituation des Pferdes. So wird sich ein gefühlvoller Reiter bei einem jungen Pferd eher nicht zu stark in den Sattel setzen oder gar mit dem Oberkörper nach hinten lehnen. Auch wird er auf Sporen verzichten und die Gerte nur behutsam dazunehmen. Ich beziehe mich auf E. F. Seidler, der die Lastverteilung des Reitergewichts folgendermaßen erklärt: Für ihn ist bekannt, dass ein Reiter mit einem angenommenen Durchschnittsgewicht von ca. 70 Kilogramm sein Gewicht bei gerader Haltung gleichmäßig auf Vor- und Hinterhand verteilt. Ist das Pferd in den Partien Hinterhand und Rücken noch etwas schwach, dann sollten wir nicht fest einsitzen. Es ist hier eher erforderlich, dass wir den Oberkörper etwas vor die Senkrechte

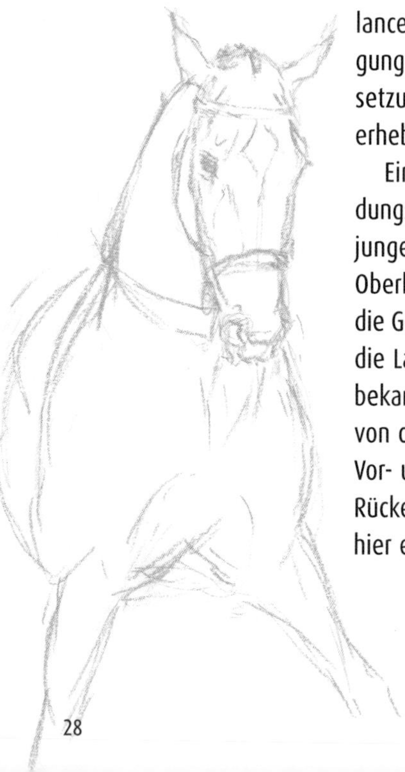

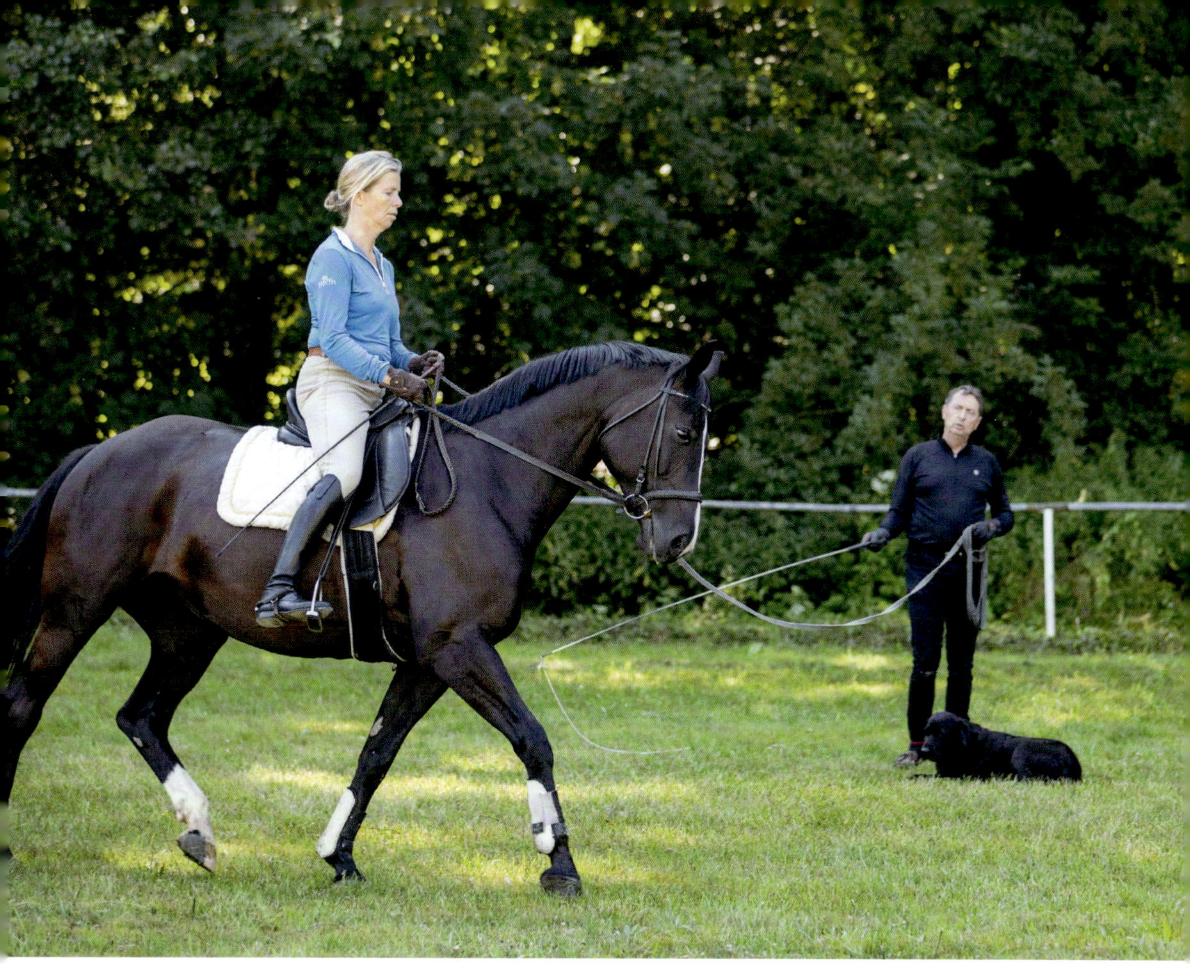

Ständige Übung und Überprüfung des Reitsitzes durch den Lehrer ist unabdingbar auf dem Weg zum Balancesitz. Gleichzeitig kann dabei auch das Pferd weiter im Gleichgewicht geschult und die Hinterhand in Richtung Schwerpunktlinie herangeschlossen werden. Das Akzeptieren der Anlehnung an die leichte und weiche Reiterhand ist ein sicheres Zeichen für eine gut entwickelte Balance. So entsteht Bewegungsharmonie.

bringen. Dadurch entlasten wir die Hinterhand um geschätzte zehn Kilogramm. Wenn wir gleichzeitig den Bügeltritt verstärken, weil der Sattel im vorderen Drittel des Pferdes liegt, so addieren wir hier weitere fünf Kilo zur Entlastung der schwächeren Partien. Entgegengesetzt dazu ist ein Zurücklehnen des Oberkörpers bei gleichzeitigem Schluss der Oberschenkel, was uns etwas mehr zurück in den Sattel bringt – eine Haltung, die eine zusätzliche Last auf die Hinterhand von mindestens 25 Kilogramm erbringt. Diese Werte sind durch Seidler bereits im 19. Jahrhundert erhoben und niedergeschrieben worden. Deshalb muss meiner Meinung

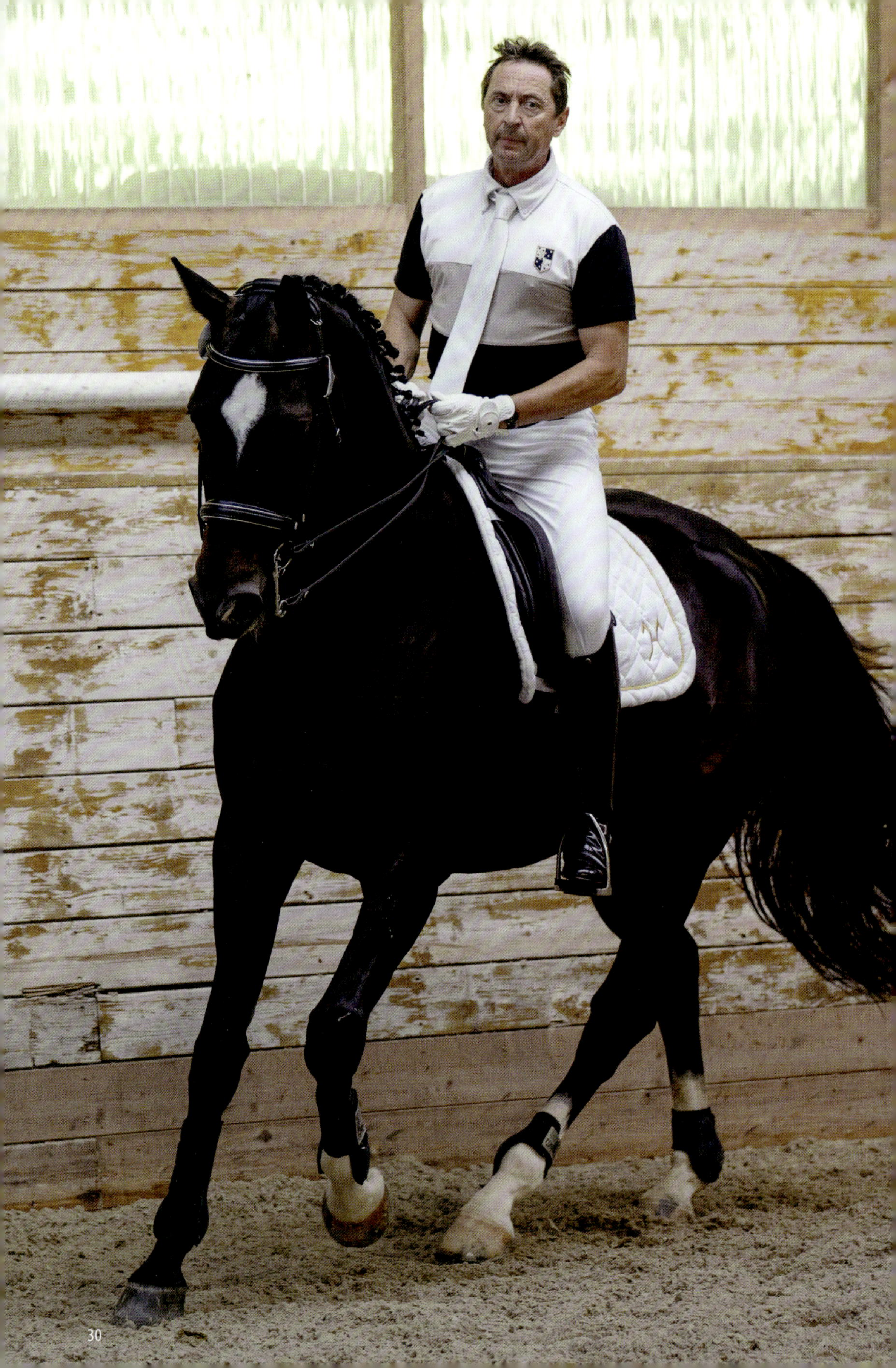

nach ein guter Reiter sein Pferd zwischen seinen Beinen und seinem Gesäß genau ausbalancieren können. Er muss also in der Lage sein, je nach Gleichgewichts- und Ausbildungssituation des Pferdes seinen Sitz sekundengenau anzupassen. Diese von Seidler beschriebene Gewichtsverteilung durch verschiedene Sitzpositionen scheint mir so interessant, dass es der Mühe wert wäre, ihr empirisch auf den Grund zu gehen und mal genauer zu messen!

Dieser Reitsitz soll sich also empathisch in die Schwerpunktlinie des Pferdes einfügen und darüber hinaus diese so positiv beeinflussen können, dass daraus Bewegungsharmonie entsteht. Das Erreichen der Harmonie jener zwei Lebewesen, die zu einem großen Ganzen zusammenwachsen sollen, steht hier von Anfang an an erster Stelle! Daraus erst erwächst das Kunstwerk aus Pferd und Reiter, bei dem man nicht mehr sagen kann, wer hier wen führt. Damit steht der Reiter in der Pflicht, dem Pferd zu helfen, das Richtige auszuführen und es nicht zu behindern oder gar zu stören. Mit der Bewegung des Pferdes zu sitzen, ohne zum Beispiel gleich in der Trabverstärkung mit dem Oberkörper hinter die Bewegungen des Pferdes zu gelangen, bedarf hoher Konzentration und eines sehr guten Balancesitzes, der selbstverständlich unabhängig von der Hand auch in deutlich verstärkten Gangmaßen agieren können muss.

Der gute Balancesitz und die volle Konzentration fürs Pferd sind elementare Voraussetzungen im „System der Reitkunst", wie dies Louis Seeger schon 1844 beschrieb. So bleibt es an uns Ausbildern – in gesteigerter Form gilt das für die Ausbilder der Ausbilder (Trainer, Richter, Lehrer, Funktionäre der Verbände) –, den Sitz des Reiters bei gleichzeitiger Vermittlung von Wissen über die kausalen Zusammenhänge zwischen Sitz, Gefühl, Hilfen zu schulen. Ich kann nur empfehlen, sich als Lehrender seiner großen Verantwortung bewusst zu sein und im Sinne der klassischen Reiterei zu handeln. In keiner anderen Fertigkeit sollen zwei so unterschiedliche Organismen mit ihren eigenen diffizilen Nervensystemen zur Harmonie gebracht werden wie in der Reitkunst. Wie oft sehen wir noch Reiter dies beherzigen?

Theorie und Praxis gehören zusammen – untrennbar! Scirocco im versammelten Galopp, wunderbar in Balance und Bewegungsharmonie mit seinem Reiter.

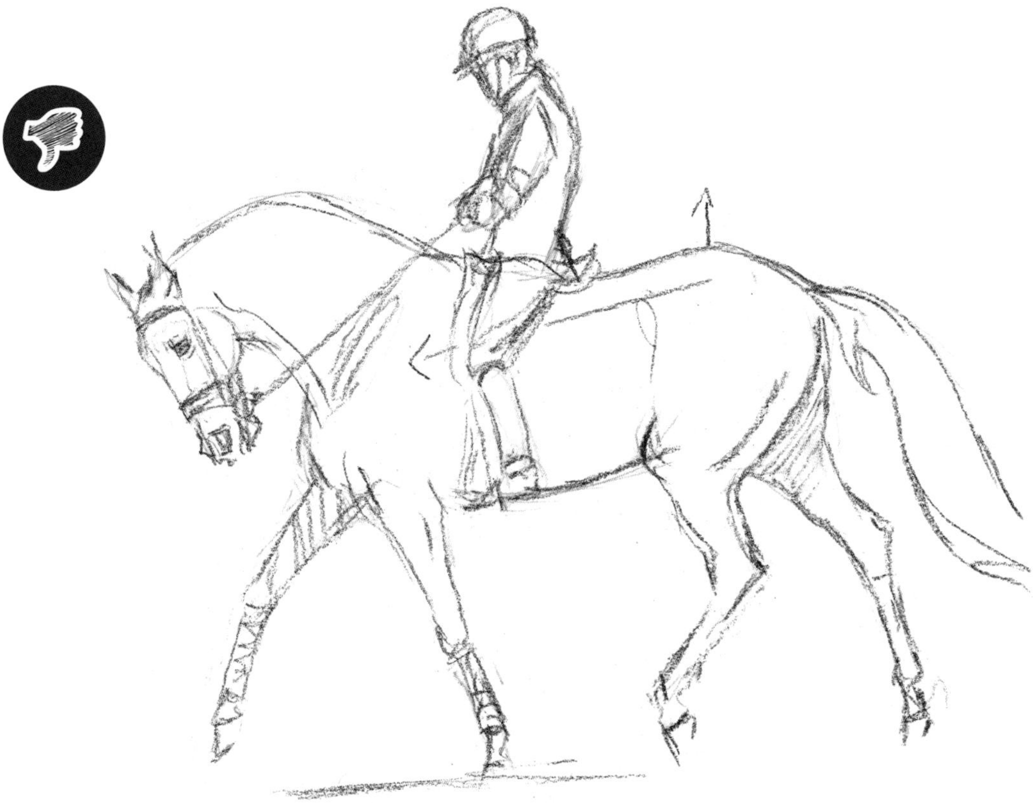

Rücken und Hanke sowie der Rest des Pferdekörpers müssen zum Erreichen der Balance vorbereitet werden. Mit der oben gezeigten Methode wird die Balance auf der Vorhand eingerichtet. Die Rückenwirbelsäule verläuft weiterhin oder vielleicht sogar noch stärker als zuvor von hinten oben nach vorn unten zur Schulter hin, und die Kruppe kommt hoch. Schlimmer geht es meiner Meinung nach nicht. Es ist ein Irrtum, wenn man glaubt, das Aufrechte im Reitsitz spiele keine Rolle mehr, sondern dass allein das Rundmachen des Halses oder das Ziehen im Pferdmaul die Hinterhand positiv beeinflussen könnte.

Aus der Balance – der Trendreiter und sein Vorbild – oder wie man durch „Tipps und Tricks" das Zuhören ersetzt

Sie sitzen rittlings und schief auf dem Pferd mit eingezogenem Bauch und hochgezogenen Beinen; sie halten sich am Zügel fest und hängen der Bewegung des Pferdes hinterher. Damit einhergehend wird auch nicht auf den Moment gewartet, in dem das Pferd bereit sein wird, sein Genick noch

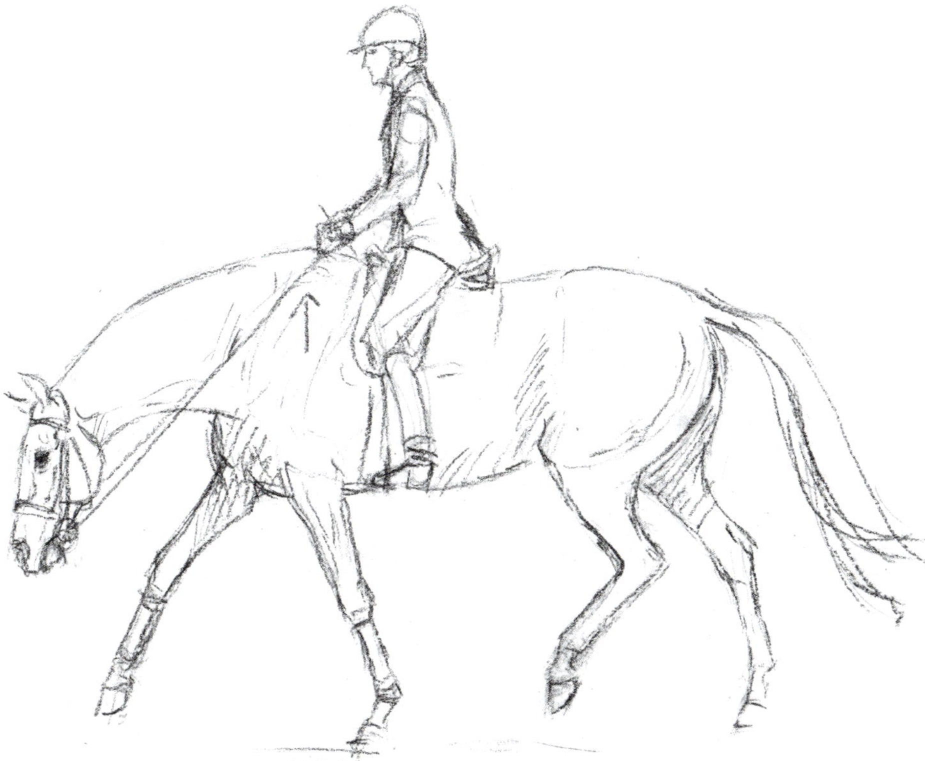

Im Gegensatz dazu ist im unteren Bild die Vorhand bereits durch das Zusammenspiel von Hanke und Rücken etwas höher gekommen. Der eingezeichnete Pfeil in der Schulter zeigt dies deutlich an. Bereits in einer so frühen Ausbildungsstufe, also während das junge Pferd sein neues Gleichgewicht mit Reiterlast wiederfinden muss, lässt sich über das Vorwärts-abwärts-Reiten mit der natürlichen Balance arbeiten.

weiter herzugeben. Es wird sinnlos am Zügel gezogen, ohne den Wirkungspunkt des Trensengebisses richtig vorbereitet zu haben; trotzdem soll das Pferd verstehen und umsetzen, was wir möchten. Dieser Wirkungspunkt des Gebisses kann nämlich nur zum Einsatz kommen, wenn das Pferd mit langem Rücken und langem Hals dem Reiter sein Maul offeriert, was bei einer solchen Reitweise unmöglich wird. Eine Durchlässigkeit im Pferd, das unsere Hilfen akzeptiert, kann so nicht entstehen.

Die Ignoranz gegenüber unserem Partner Pferd könnte kaum größer sein. So wenig Engagement der Sache gegenüber, wie hier zu sehen ist, lähmt jeden Fortschritt.

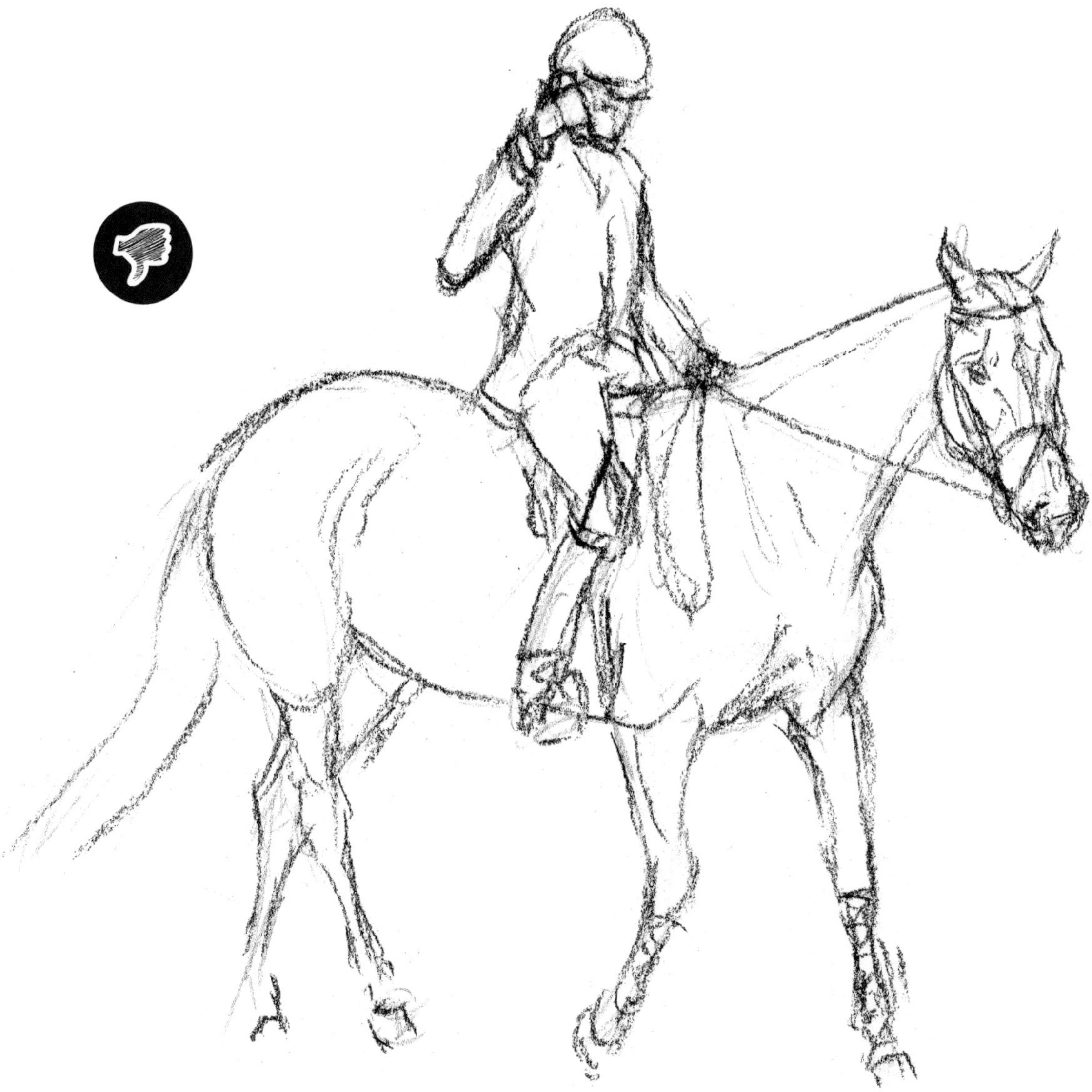

Von Demut, Hinhören oder Disziplin, während man auf dem Pferd hockt, ist nichts mehr übrig. Lieber wird auf dem Smartphone herumgetippt.

Das umzustellen und zu verbessern, würde Selbstkritik und viel Arbeit des Reiters an sich selbst voraussetzen. Auch müsste dem Pferd die dringend notwendige Zeit zu seiner individuellen Entwicklung in der Ausbildung gegeben werden. Ein solches Verständnis finden wir bei öffentlichen Auftritten wie im Turniersport jedoch nicht mehr.

Folgende Gründe können die Schieflage des Gleichgewichts hervorrufen: Meistens ist es die mangelnde Vorarbeit in der reiterlichen Basisausbildung. Sich Zeit zu nehmen, das Fundament solide zu erarbeiten, hat für viele Reiter keinen Stellenwert. Das Ergebnis dieser Einstellung spiegelt sich in der ungeschickten Hilfengebung des Reiters wider und darin, dass er den Takt und damit die Balance des Pferdes nicht halten kann, sofern er es überhaupt angestrebt hat. Die so sehr gewünschten „Erfolge" im Vorankommen der Ausbildung bleiben deshalb aus. Ursache dafür ist oft die Unwissenheit von Reiter oder Ausbilder bezüglich einer fürs Pferd verständlichen Kommunikation. Man reitet vielmehr aus dem Gefühl heraus, ohne sich vorher das notwendige Wissen angeeignet zu haben. Das Pferd darf also nun ständig neu erraten, was von ihm gewollt wird. Das verursacht dem Tier Stress. Eine Verlässlichkeit der Hilfengebung existiert nicht.

Ferner ist die Unfähigkeit des Reiters zu nennen, sich in den natürlichen Bewegungsablauf des Tiers ruhig einzufügen: Dieses Problem entsteht auch mangels eines Gleichgewichtssitzes, und das Pferd muss die Disbalance mit Anstrengungen seines Körpers ausgleichen, um Gleichgewicht und Losgelassenheit wieder zu erreichen. Die Korrektur dieser Schieflage durch das Pferd erschwert sicherlich die Ausführung der gewünschten Lektion. Der unempathische Reiter nimmt Widerstände im Pferd in Kauf,

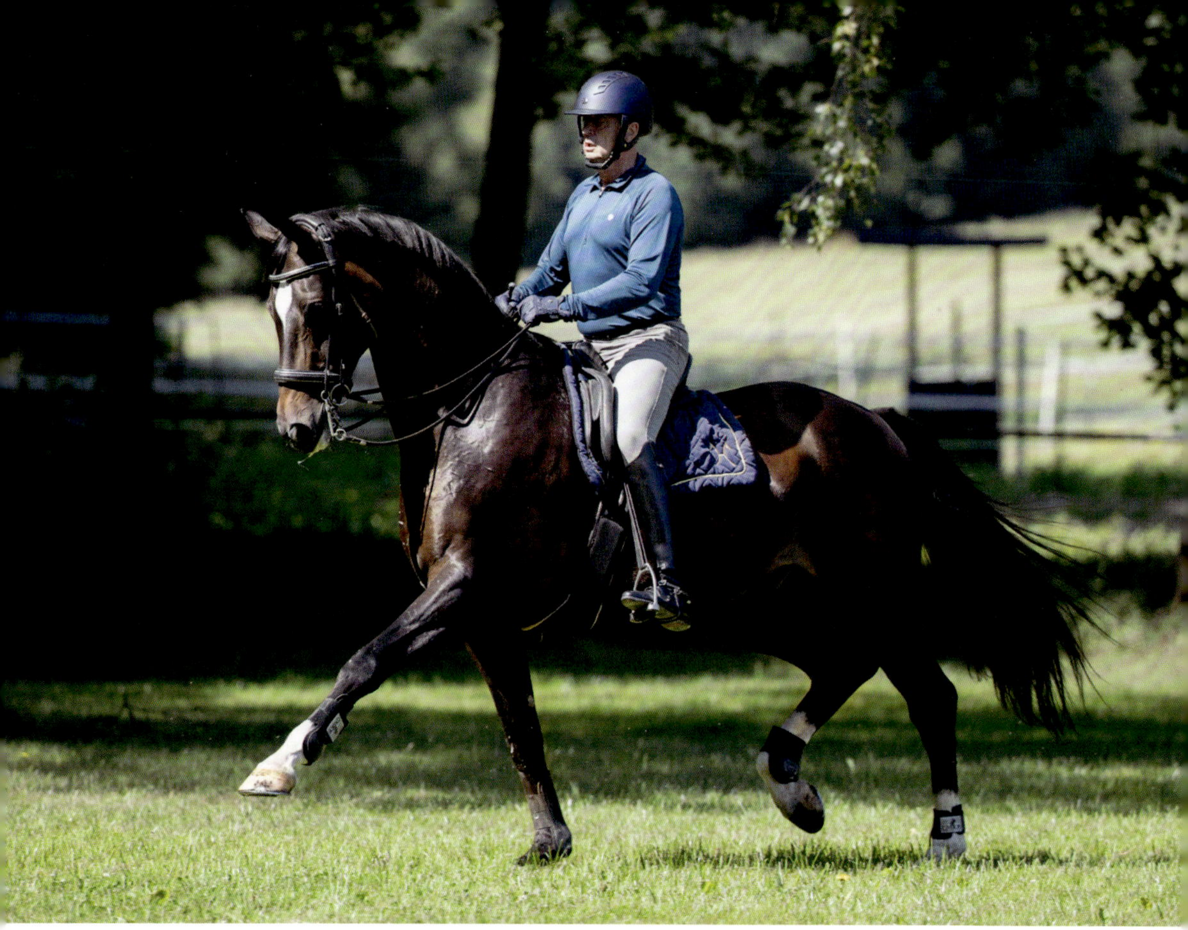

Solche Bilder entstehen nicht durch die Nutzung eines Smartphones, sondern durch gewissenhaftes Training. Für eine gut ausgearbeitete Trabverstärkung, bei der sich das Pferd – locker mit den Hinterbeinen abfedernd und taktsicher in seinen dynamischen Bewegungen – selbst trägt, muss die volle Konzentration auf ein gut ausbalanciertes Pferd-Reiter-Paar gelegt werden. Es kommt entscheidend darauf an, dass der Blick auf das Wesentliche gelenkt wird, nämlich Hinterhand und Rücken.

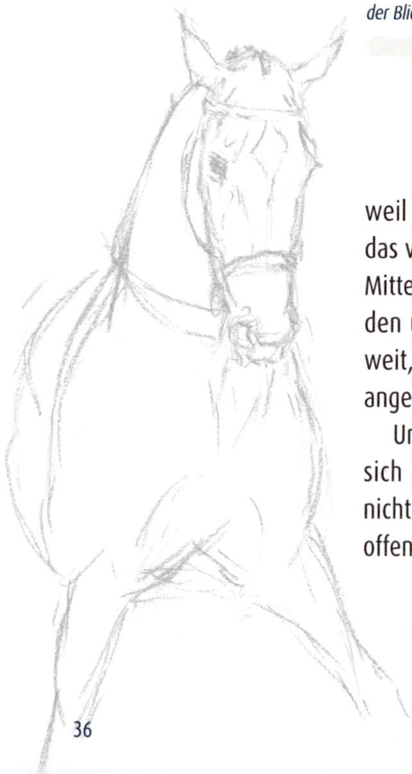

weil es ihm egal ist, ob das Pferd bereit und vorbereitet genug ist, um das von ihm Verlangte auszuführen. Es wird einfach eingefordert mit allen Mitteln und nach allen Regeln der „Kunst". Denn danach bemisst sich für den unwissenden Zuschauer und Beurteiler der Erfolg. Es geht sogar so weit, dass manche Vertreter der Richtergilde meinen, je härter das Pferd angefasst wird, desto besser ist der Reiter.

Unsauber ausgearbeitete Gänge in der Disbalance des Pferdes zeigen sich insbesondere im Trab, in dem der Takt und das gewählte Tempo nicht gehalten werden können und nach heutigen Turnieranforderungen offenbar auch nicht müssen. Eine leistungsfähige Rhythmik wird so nicht

> Es ist nicht immer leicht für einen Reitlehrer, sich gegen die eigenen wirtschaftlichen Interessen zu stellen.

durchgehalten: Das Herz und dessen Kreislauf sollen außerhalb der natürlichen Vorgaben funktionieren, können es aber nicht. Das schmälert die Leistungsfähigkeit des Tiers enorm und steht genau entgegengesetzt zu den natürlichen beziehungsweise klassischen Werten und Vorstellungen der Reiterei.

Der passende Reitsitz zur jeweiligen Bewegungssituation und das dazugehörige theoretische Wissen werden jedoch durch eigene, vermeintlich gute Gefühle ersetzt. So stiert der Reiter, während er Schritt am halblangen Zügel reitet, mit hängendem Kopf auf sein Smartphone, um neueste Nachrichten mit irgendjemandem auszutauschen, anstatt sich mit seinem Partner Pferd über die präzise Hilfengebung ehrfürchtig und empfindsam zu unterhalten. Das ist mit Sicherheit eine der großen Missachtungen in der Kommunikation mit dem Pferd – und wir dürfen davon ausgehen, dass das Pferd sich auch missachtet fühlt, dabei ist es ganz gleich, ob wir auf einem jüngeren oder älteren Tier sitzen. Einen kooperativ-liebevollen Bezug zu uns Reitern wird das Pferd so sicher nicht herstellen können.

Es ist nicht immer leicht für einen Reitlehrer, sich gegen die eigenen wirtschaftlichen Interessen zu stellen – die auch wichtig sind, denn schließlich muss er leben – und den Sitz der Reitschüler zu korrigieren. Einige Reitschüler sind beflissen, die Kritik anzunehmen, um daraus weiter an sich selbst zu arbeiten und besser zu werden. Wenn wir heutzutage Ausbilder fragen, warum sie die dringend nötige Sitzkorrektur nicht vornehmen, wird meist folgender Grund genannt: Die Reitschüler seien nicht kritikfähig und würden bei Sitzkorrekturen nicht selten den Reitlehrer wechseln. Ich selbst habe dies schon manches Mal erleben müssen. Notwendige Sitzübungen an der Longe, die gerade dem Pferd zugutekamen, führten vielfach zum direkten Verlust des Schülers. In unserer digital, das heißt im Sinne einer schematisch binär (da gibt es nur 0 oder 1 – schwarz oder weiß) denkenden und damit leider auch häufig oberflächlichen Reiterwelt, sehen wir zunehmend den Missstand, dass keine Rücksicht auf das nach wie vor analog agierende Pferd genommen wird. Auch der Erfolgsdruck der Sponsoren wirkt hier mit hinein, sodass der Reitlehrer oder Trainer indirekt unter Druck kommt. Die Erwartungshaltung für investiertes Geld muss nämlich möglichst rasch und effektheischend umgesetzt werden. Das einzige Bewertungskriterium für den Sponsor sind die allgemeinen schematischen Einteilungen der Pferde nach Alter und zu erwartenden Erfolgen. Und wenn es dem Sponsor, der nach diesem Schema handelt, nicht schnell genug geht, dann wird er hier keine Marketinggelder mehr investieren. Die Geldgeber wollen schnelle, offensichtliche Erfolge, sozusagen den großen „Kick“, denn Werbung und sogenannte Sichtbarkeit sind offenbar alles. Der unangepasste Ausbilder, der der Sache durch pferdeorientierte Arbeit dienen will, verliert somit seine Kunden an Kollegen, die diese für den Schüler unangenehmen Korrekturen schon lange nicht mehr vornehmen, sondern durch oberflächliche „Tipps und Tricks“ ersetzen.

Ein Beispiel für diese „Tipps und Tricks“ habe ich gerade neulich erst erfahren müssen. Eine meiner nun ehemaligen Reitschülerinnen erklärte mir, dass sie auf einem Wochenendreitkurs gewesen sei. Die Kursleiterin richte sich nur an der klassischen Reitweise aus, genau so, wie ich das auch tue. Sie habe ihr Problem der unruhigen Hände endlich lösen können. Der Trick war, dass sie von nun an die Zügel über Kreuz nehmen müsse, um ruhige Hände zu haben. Es ist für mich nicht zu fassen, aber mit diesem unsäglichen Unsinn wird auch noch Geld verdient.

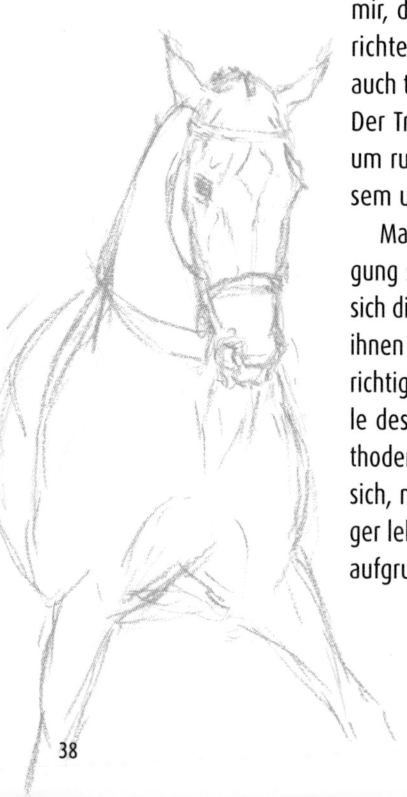

Man hört immer wieder, dass viele verschiedene Reitsysteme zur Verfügung stünden, die man nutzen könne – je nach Bedarf. Deshalb begeistern sich die einen für jenes, die anderen für dieses, je nachdem, welche Vorbilder ihnen gerade gefallen. Diese Auffassung teile ich nicht, denn es gibt nur ein richtiges, pferdegerechtes Reitsystem. Für mich nimmt sich diese alte Schule des klassischen Reitsystems im Vergleich zu heutigen „modernen“ Methoden aus wie das Klavier im Vergleich zur Synthesizerleiste. Letztere hört sich, möchte man klassische Musik darauf spielen, immer digital und weniger lebendig an. Dennoch gibt es aktuelle und sehr bekannte Trainer, die – aufgrund ihres mangelnden Fachwissens – behaupten, dass das Pferd von

> *Es wird lieber an den armen Pferden herumgedoktert, als der Ursache von Problemen auf den Grund zu gehen.*

Natur aus auf schnelles Fliehen ausgerichtet sei, weshalb es auch nichts ausmache, wenn das junge Pferd momentan mit seiner Nasenlinie mal hinter der Senkrechten sei. Ist es auf der Flucht, dann müsse der Reiter es eben zurückhalten, und deshalb zeige das Pferd mit festgehaltenem Genick und der Stirnlinie hinter der Senkrechten an, dass es „sein fünftes Bein" in der Hand des Reiters gefunden habe. Meiner Meinung nach ist das Argument „Fluchttier" wohl die schlechteste Entschuldigung, wenn man das Gehen hinter dem Zügel auch nur ansatzweise rechtfertigen will. Das scheußliche Resultat sind festgehaltene Hälse und Rücken, die die dem Pferd eigenen, natürlichen Bewegungen nicht mehr zulassen. Hier nehmen die Pferde nicht wiedergutzumachenden Schaden an Knochen, Gelenken, Sehnen und Bändern. So entstehen zum Beispiel Überbeine meistens durch Überforderung des Pferdes und nicht durch das Anschlagen. Da hilft auch kein Hochbandagieren, das bleibt wohl eher ein optisches Utensil. Auch die Sprunggelenke sind oftmals kaputt gemacht worden, weil sie durch viel zu frühe Anforderung ruiniert wurden, also bevor sie überhaupt in die Lage versetzt wurden, zu leisten – ich denke da an Trabverstärkungen bei falscher, nämlich erzwungener Körperhaltung.

Es wird lieber an den armen Pferden herumgedoktert, als der Ursache von Problemen auf den Grund zu gehen. Viele Reitschüler möchten nur hören, wie toll sie sind. Ein zum Pferd passendes Körpergefühl ist ihnen mangels Wissen um das System der Reitkunst, durch eigene Unsportlichkeit und schlechte Konzentrationsfähigkeit schon lange verloren gegangen. Der Ausbilder bekommt zu hören, es ritten doch alle so, oder der Reitschüler moniert, dass er ja schon ein teures Pferd gekauft und bereits viele Reitstunden bezahlt habe und deswegen weiter sein müsse, als er heute ist. Von Demut, Hinhören oder Disziplin, während man auf dem Pferd hockt, ist nichts mehr übrig. Lieber wird auf dem Smartphone herumgetippt.

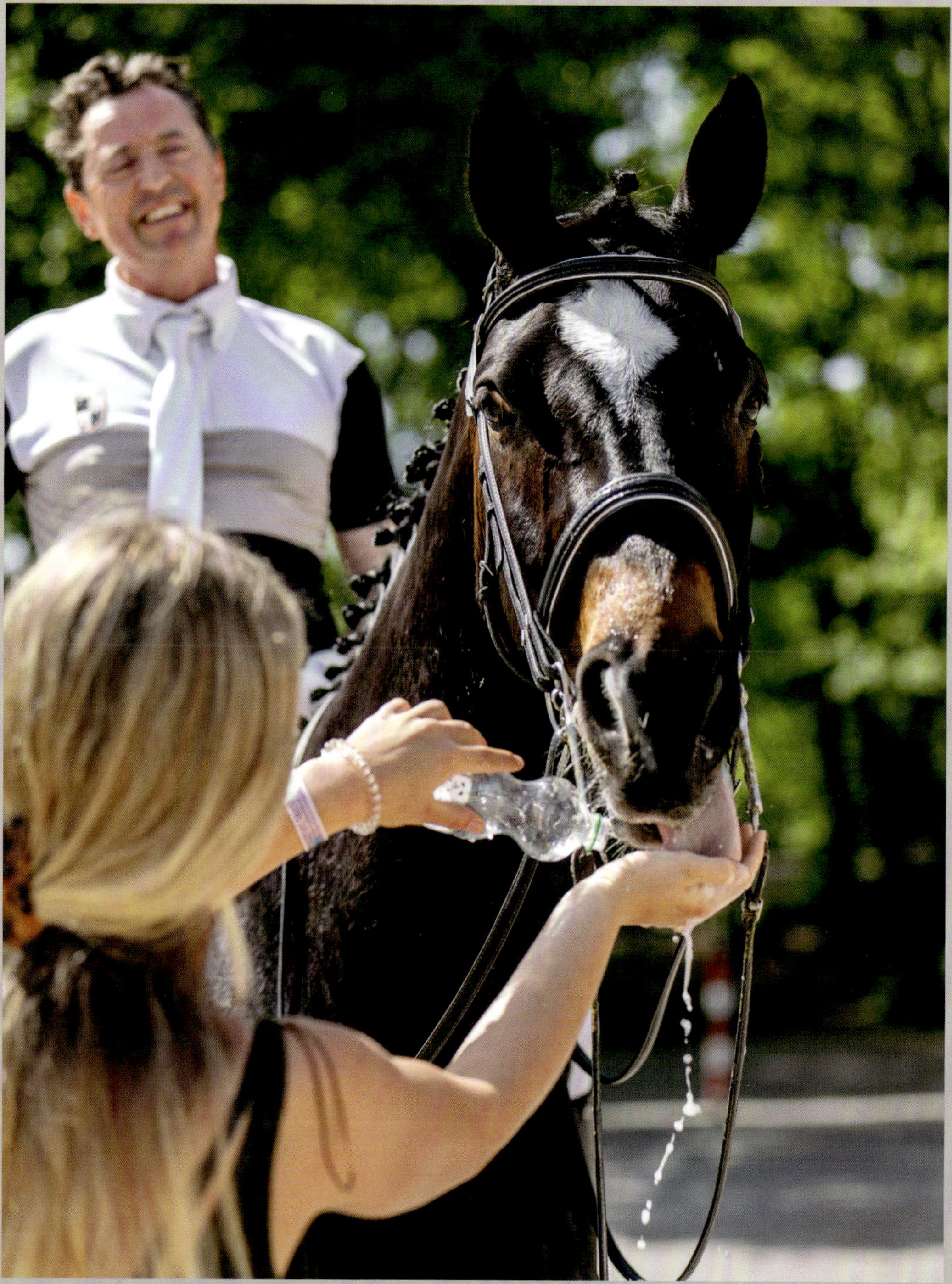

Kapitel 2

Kapitel

Die mentale Balance des Pferdes

Wie hat die Natur das Pferd mental eingerichtet? Das Pferd wird wesentlich durch das limbische System gesteuert. Dieses ist im hinteren Bereich der Großhirnrinde (Kortex) angesiedelt und unter anderem maßgebend für Emotionen, Motivation, Triebverhalten und Lernvermögen, die der Selbsterhaltung, also dem Überleben dienen. Das limbische System hat auch uns Menschen, vor allem in der grauen Vorzeit, immer wieder vor schwierigen Situationen bewahrt und uns in lebensbedrohlichen Momenten geholfen. Bei uns selbst sprechen wir oft schlicht vom „Bauchgefühl". Gleiche Funktionen des Gehirns sind in der Tierwelt, also auch bei unserem Pferd, vorhanden. Seine intuitive Reaktion hat sich im Lauf der Evolution bis heute nicht geändert. Das Pferd kann – im Gegensatz zu uns Menschen – seine intuitive Gefühlswelt nicht aus seinem Intellekt heraus übersteuern, und deshalb ist ein äußeres „Sich-fallen-Lassen" auch direkt verknüpft mit einem innerlichen „Fallenlassen". Es kommt nicht so selten vor, dass Pferde bereits in jungen Jahren eine Depression entwickeln, aus der sie nicht mehr herauskommen – sie geben einfach auf. Reitweisen, die das Pferd mit allen Mitteln der Kraft schwächen und es damit unterwerfen wollen, zielen darauf ab. Das ist unbedingt zu vermeiden. Gelassenheit ist das, was ein Pferd anstrebt, und nicht die Flucht aus Angst, die jedoch immer dann stattfindet, wenn es keinen anderen Ausweg mehr weiß. Bemühen wir uns doch, das Pferd von vornherein positiv zu stimmen und es zu überzeugen, mit uns zu agieren. All diese vermeintlich „modernen" Techniken, die auf Dominanz und Unterwerfung ausgerichtet sind, treiben das Pferd mehr und mehr in eine Depression. Es fühlt sich nicht wohl in seiner Rolle, in der es ständig übermäßigem Stress ausgesetzt wird, und Schmerzen hat es auch noch, sei es aus Verspanntheit, Widersetzlichkeit, sei es durch harte Hilfengebung. Unser Vierbeiner stumpft ab, ja er verfällt letztlich in eine so tiefe Niedergeschlagenheit, dass er nicht mehr herausfinden kann. Deswegen meine ich, dass mehr Verständnis im Umgang mit diesen wundervollen Tieren dringend nötig ist.

Wenn wir es richtig machen wollen, dann steht zu Anfang, bereits im Stall, die ruhige und freundliche, ja sogar schmeichelnde Behandlung unseres Pferdes. Den eigenen Unmut oder Übellaunigkeit am Tier auszulassen, auch wenn es unbewusst erfolgt, empfindet das Pferd als äußerst unfreundlich. Pferde besitzen so ausgefeilte Sinnesorgane, dass sie genau

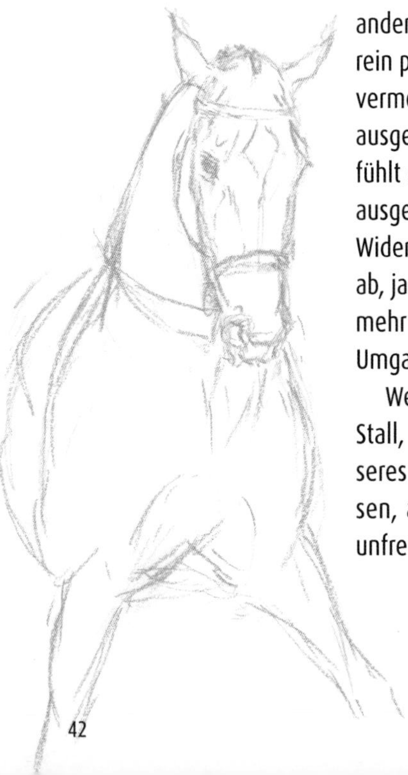

> Durch das Bestimmen der Balance (vorn, mittig, hinten) leistet der Rücken wesentlich mehr, als nur Tragkraft zu bieten.

erkennen können, in welchem Zustand ihr Gegenüber ist. Sie riechen das, hören das und sie sehen noch dazu ausgezeichnet. Ich kann nur den gut gemeinten Hinweis geben, liebenswürdig und herzlich auf unseren Vierbeiner zuzugehen. Denn dass wir in der Folge schlechter Behandlung vom Pferd als unangenehm empfunden werden, steht der Dressurausbildung direkt im Weg. Die Reiterei beginnt eben mit der Zwanglosigkeit des Tiers, und die fängt damit an, wie wir aufs Pferd zugehen, um es zu putzen, wie wir es satteln und anschließend reiten, und endet damit, dass wir unser Pferd nach dem Reiten ordentlich versorgen, wie es sich für einen echten Reiter gehört, bevor wir wieder gehen.

Von der Remontenausbildung bis zu den schwersten Lektionen bleibt diese Liebenswürdigkeit und die Bereitschaft, seinem Pferd zuzuhören, Aufgabe des Reiters. Ebenso der unbedingte Wille, an sich und der Klarheit der Kommunikation zu arbeiten. Denn selbstverständlich hat auch der Balancesitz und die daraus resultierende Hilfengebung einen direkten Einfluss auf das seelische Gleichgewicht des Pferdes. Es kommt zum Beispiel vor, dass das ausgebildete Pferd unsere Absicht bereits verstanden hat, bevor wir selbst so weit sind, die richtige Hilfe zum richtigen Augenblick zu geben. Zu diesem Zeitpunkt befinden wir uns gedanklich bereits hinter dem Pferd. In einem solchen Fall benötigen wir Reiter absolutes Fingerspitzengefühl, um die schnelle Reaktion, die unser Pferd in unserem Sinn vorleistet, zu erkennen und zu akzeptieren, ohne noch zusätzlich die eigentliche Hilfe einzusetzen. Denn sie kommt zu diesem Zeitpunkt schon zu spät und wirkt somit störend, genauso wie eine von uns in diesem Fall zu Unrecht veranlasste Korrektur, weil wir meinen, das Pferd hätte unsere Hilfe vorausgenommen. Das Pferd quittiert diese Reizüberflutung, also sein Unbehagen, mit zusätzlichem Schweifschlagen. Und daran sind dann nur wir Reiter schuld.

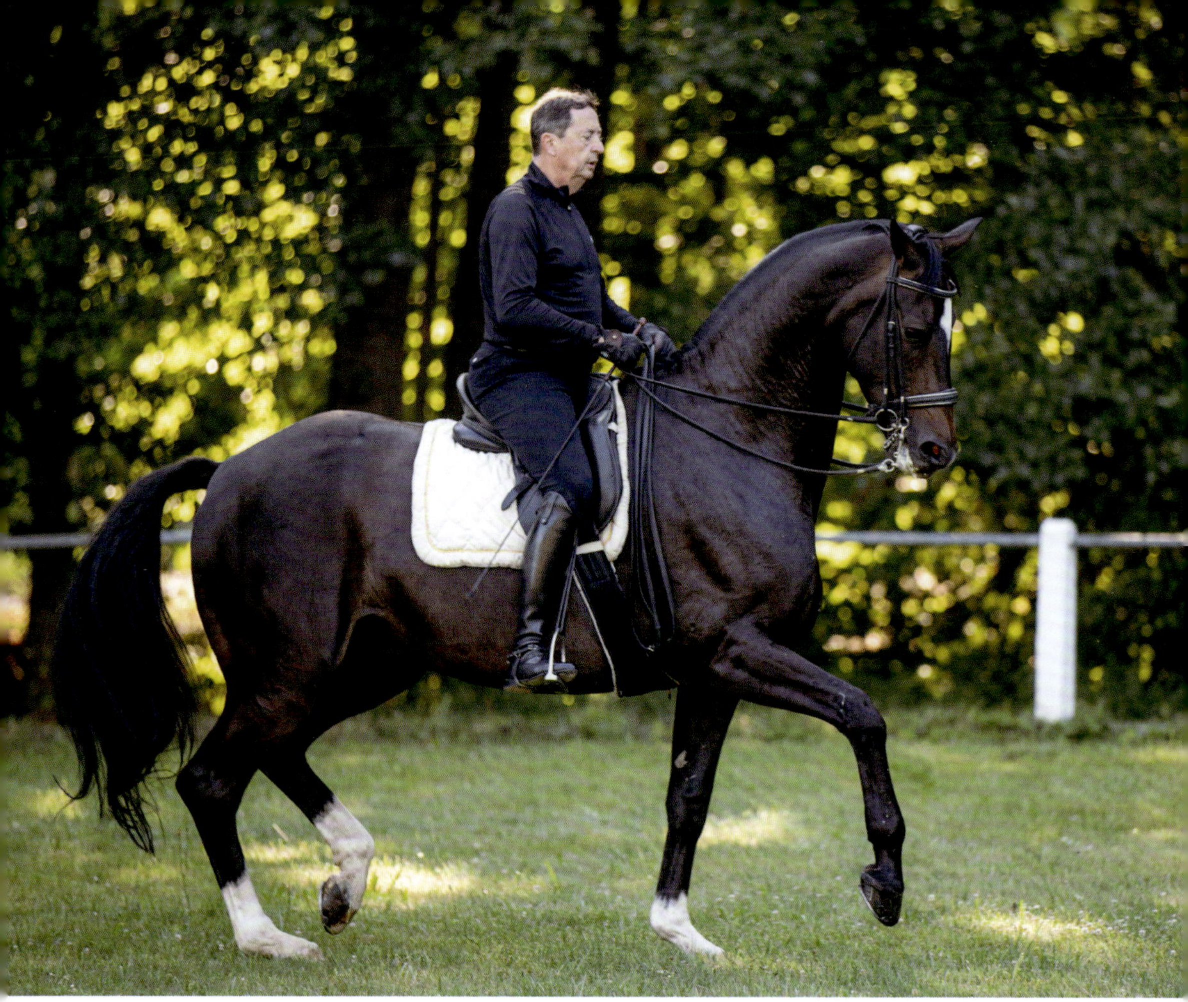

Scirocco in der Passage. Die permanente Losgelassenheit muss sich wie ein roter Faden über alle Ausbildungsstufen hinwegziehn und natürlich muss man später in den schweren Lektionen immer wieder daran arbeiten. So gehört das Tragen sowie gleichmäßige Pendeln des Schweifs als sichtbares Zeichen eines locker aus dem Rücken heraus agierenden Pferdes dazu.

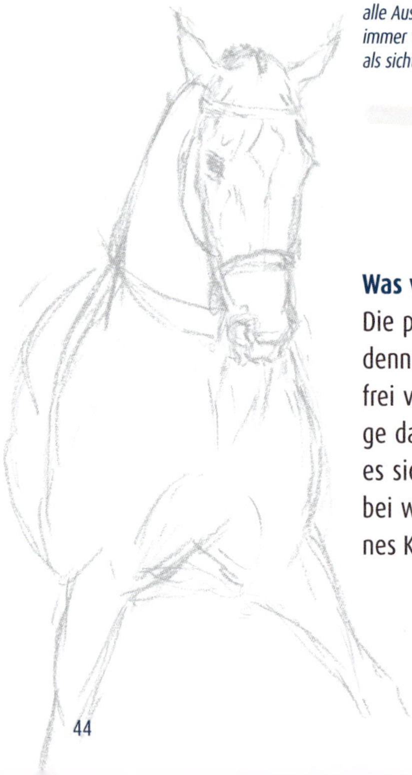

Was verstehen wir denn unter dem Begriff Losgelassenheit?

Die präzise Definition von Losgelassenheit ist heute nicht mehr bekannt, denn Losgelassenheit bedeutet mehr als „locker" und auch mehr, als nur frei von jeder Spannung zu sein. Das ist selbstverständlich eine Teilmenge daraus, aber: Die Losgelassenheit ist der Zustand des Pferdes, in dem es sich uns vertrauensvoll „zur Verfügung" stellt. Das Lockere steht dabei weiterhin im Vordergrund, wobei das Pferd gleichzeitig alle Teile seines Körpers einsetzt, um das von uns Geforderte auszuführen, und das bis zum Maximum seiner Möglichkeiten. Dabei sollen aber keinerlei Kräfte aufgewendet werden, um ein Ungleichgewicht, welcher Art auch immer, auszubalancieren. Genauso dürfen keine Kräfte gegen den Reiter wirken. All dies bringt die Pferde aus dem Gleichgewicht.

Was sind die äußeren Merkmale der Losgelassenheit?
Ein pendelnder Schweif, ein schwingender lockerer Rücken, der den Reiter gut sitzen lässt, weil er in der Bewegung mitgenommen wird, zeigen uns die Losgelassenheit an. Ein ruhiges Maul gehört dazu, das nicht tot oder zugeschnürt ist, sondern sich durch das sogenannte Kauen auszeichnet, dies darf auch zu sehen sein. Dadurch entsteht ein leicht weißer Schaum am Pferdemaul, der durch die lockere Ohrspeicheldrüse angeregt wird. Der Gesichtsausdruck des Pferdes, zu dem ich das Ohrenspiel hinzurechne, wirkt konzentriert und gleichzeitig gelassen. Dem Fachmann signalisiert das Pferd durch seine Körpersprache klar, dass es gern mitmacht. Wir Reiter fühlen das, wenn uns das Pferd in allen gewünschten Touren und Gängen in seinen Bewegungen unmittelbar auf- und mitnimmt. Wir können (endlich) ruhig sitzen und spüren, mit welcher Leichtigkeit wir über die enormen Kräfte unseres sich rhythmisch bewegenden Pferdes verfügen können, ohne sie maximal gebrauchen zu müssen. Es ist eine Art reiterlicher Luxus, gemeinsam mit seinem Pferd diesen Punkt erreicht zu haben, und zeichnet feines Reiten generell erst aus. Diese Situation ist gefühlt so schön und empfindlich geworden, dass uns jeder Bewegungsfehler aus der Balance werfen kann und diese so raren und wertvollen Momente zerstört. Wir Reiter müssen auf dem Weg, diese Zweisamkeit zu erreichen, mutig sowie auffordernd sein, gerade wenn kurzzeitig Ungereimtheiten auftreten. Es ist aber unsere Aufgabe, die Nerven zu behalten, um aus dieser Situation wieder gut herauszukommen; nicht selten bietet sich unser Pferd anschließend sogar noch deutlich besser an als im Augenblick zuvor. Geduldig mit diesen schönen Momenten großer Harmonie umzugehen, um sie peu à peu zeitlich auszubauen, ist eine Kunst.

Voraussetzung für die Losgelassenheit ist ein beiderseitiges und tiefes Grundvertrauen in Fähigkeit und Verlässlichkeit von Reiter und Pferd: „Nur wer liebend aus dem Kreis des Ichs heraustritt zu einem Du, findet das Tor zum Geheimnis des Seins" (Gabriel Marcel).

Aus der Balance – stimmt die Nomenklatur noch?

Die Abwertung der alten Reitkunst und die heute praktizierten trendigen Reitmethoden sind vor allen Dingen aus ungenügendem Wissen um die Kunst, aus Bequemlichkeit im Denken und Handeln entstanden. Gleichzeitig hat sich passend dazu ein neuer Wortschatz breitgemacht, der sowohl in sich fehlerhaft ist als auch fehlerhaft ausgelegt wird.

Das Verwenden neuer, „modernerer" Begriffe soll uns suggerieren, dass das Reiten doch nicht so mühselig ist und daher für jeden bequem zu lernen ist. So gibt es inzwischen neue Wortkreationen, die heute en vogue sind. Diese zu nutzen und zu beherrschen gehört zum guten Ton, wenn man ein echter, wissender Reiter, Ausbilder oder Richter sein will.

Meine Sicht auf diese mittlerweile so häufig genutzten Termini ist aber eine andere. Sie sind verwirrend, irrführend und falsch, und damit dienen sie nicht zielorientiert der Sache. Ich habe mal einige herausgegriffen:

Die so gern genommene Begrifflichkeit etwa, das Pferd solle „unter seinen Schwerpunkt treten", ist genauso falsch, trügerisch und nicht haltbar wie die Formulierungen „durchs Genick treten" oder „durch den Körper gehen". Zum ersten Begriff lässt sich sagen, dass es in einer Fortbewegung keinen Schwerpunkt an ein und demselben Platz gibt, es sind vielmehr viele Punkte in einer Reihe, und das nennen wir mathematisch eine Linie. Zu den letzten beiden Termini bemerke ich, dass es kein Lebewesen auf unserem Planeten gibt, welches dazu in der Lage ist – ich habe jedenfalls noch keines gesehen.

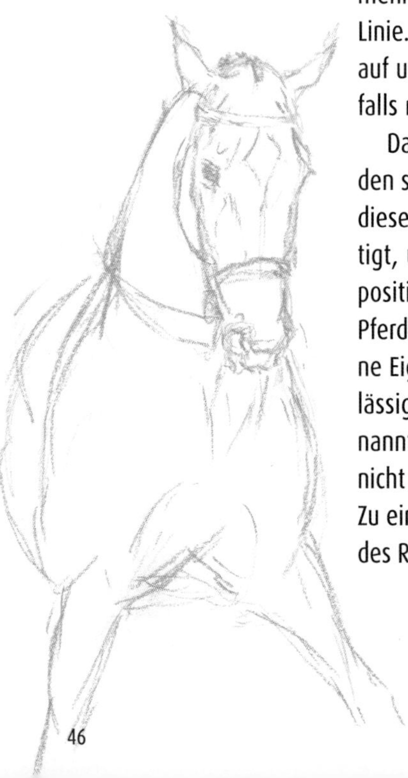

Darüber hinaus gibt es weitere irreführende Begriffe, wie zum Beispiel den so gern genutzten Ausdruck einer „positiven Spannung" im Pferd. Mit dieser Begrifflichkeit wird suggeriert, dass das Pferd eine Spannung benötigt, um das Gewünschte auszuführen. Gemeint ist damit, wenn man es positiv nimmt, der Muskeltonus, also die körperliche Arbeitsfähigkeit des Pferdes. Man könnte das vielleicht auch mit „energetisch" übersetzen, eine Eigenschaft, die jeder Sportler braucht, der Leistung erbringt. Vernachlässigt wird dabei aber, dass „das Lockere" (wie es Egon von Neindorff nannte) bei aller Leistungserbringung im Vordergrund bleiben muss und nicht die Spannung. Im Fachjargon nennen wir das „die Losgelassenheit". Zu einem so oft falsch gelehrten und verstandenen, gewollten Aufspannen des Rückens im „Brückenformat" darf es nicht führen. Im gesamten Körper

> „Ein Pferd muss sich anfassen lassen können."

des Pferdes können wir Spannung jedweder Art nicht gebrauchen, dabei ist es gleich, ob sie positiv oder negativ beziffert wird. Die Muskulatur, die in Verbindung mit Bändern und Sehnen dazu gedacht ist, das Skelett, den tragenden Teil des Pferdekörpers, zu bewegen, darf nicht durch Spannung in ihrer Elastizität gestört werden, da sie sonst ihre Arbeit nicht optimal leisten kann. Noch klarer wird das, wenn man sich die gemeinsamen Balancesituationen von Pferd und Reiter in den verschiedenen Bewegungsarten und Lektionen vor Augen führt. Also noch einmal: Losgelassenheit ist gefordert und keine Spannung, denn die führt unweigerlich zum Verhaltensein, zur Verkrampfung und damit zum vorzeitigen Verschleiß des Pferdes. Das Pferd soll doch in die Lage versetzt werden, in einer Haltung zu gehen, die es scheinbar spielerisch einnehmen und auf Dauer aushalten kann.

Die Formulierung einer „Tragfähigkeit des Rückens" ist ebenfalls nicht präzise genug. Natürlich hat das Pferd auch eine Tragefunktion. Und dennoch verhält sich die Situation ganz anders als bei anderen Tieren, die wir vorwiegend zum Tragen von Lasten nutzen, wie zum Beispiel dem Kamel. Der locker agierende Rücken ist nämlich – körperlich gesehen – der Leistungserbringer schlechthin im System der klassischen Reitkunst. Durch das Bestimmen der Balance (vorn, mittig, hinten) leistet er wesentlich mehr, als nur Tragkraft zu bieten.

Ein weiterer Begriff, der dringend geradegerückt gehört, ist der, nach dem das Pferd „in die Hand ziehen" solle. Gerade dass sich das Pferd ein fünftes Bein auf dem Zügel sucht, wollen wir im System der Reitkunst abstellen. Genau das Gegenteil eines Vorhandgängers soll erreicht werden, nämlich dass das Pferd in die Lage versetzt wird, sich und den Reiter zunächst in der natürlichen Balance leichtfüßig und selbstständig zu tragen und zu bewegen. Es meldet sich dann angenehm und leicht in unserer

> „Zu keiner Zeit darf es dazu führen, dass wir grob werden mit unserem Reitpartner.“

Zügelhand. Im Lauf der weiteren Ausbildung soll die Gleichgewichtssituation über die Hinterhand so gesteigert werden, dass wir vom geschlossenen Pferd bis zur hohen Versammlung kommen.

Der Begriff „vor dem Schenkel“: Allein dadurch, dass wir meinen, das Pferd müsse um jeden Preis „vor dem Schenkel“ gehen, bringt die Sicht auf die Gesamtsituation der Hilfengebung ins Ungleichgewicht. Im Extremfall würden wir dann ständig mit dem Schenkel treiben, ohne dies mit den Gewichts- und der verhaltenden Hilfe präzise abzustimmen. Ein ständig forderndes, vielleicht sogar klopfendes Bein mit dementsprechendem Sporeneinsatz wäre die logische Folge. Als Ergebnis davon bekämen wir einen davoneilenden Vorhandgänger, der sich verhält oder in einer Kopf-Hals-Haltung geht, die ein ehrliches und vertrauensvolles Annehmen des Trensengebisses, respektive der Reiterhand, nicht zulässt. Das ist jetzt nicht gerade mit der Losgelassenheit übereinzubringen, die sich doch wie ein roter Faden durch unsere Reiterei ziehen soll. Die entscheidende Idee ist eher, dass wir das Pferd im Vorwärts belassen und so über die richtige Einwirkung zwei Drittel des Pferdekörpers „vor uns“ bekommen. Das Pferd ist in dieser Versammlung angenehm zu sitzen und leicht zu führen. Ich schließe mich Sigmund von Josipovich, Gustav von Dreyhausen und Waldemar Seunig an, die alle davon sprechen, dass ein guter Sitz aus sich selbst heraus treibt. Das ist keine einfache Sache! Manchmal haben wir unser Pferd mehr am Kreuz oder vielleicht auch mal mehr in der Hand. Auch kommen wir gegebenenfalls, wenn es nötig ist, mit dem Schenkel deutlicher durch oder das Pferd steht einfach nur am Schenkel. Die Hilfengebung ist so vielfältig in ihrer Ausprägung, dass die Forderung, das Pferd müsse „vor dem Schenkel“ sein, wahrlich simpel erscheint. Aus denselben Gründen ist

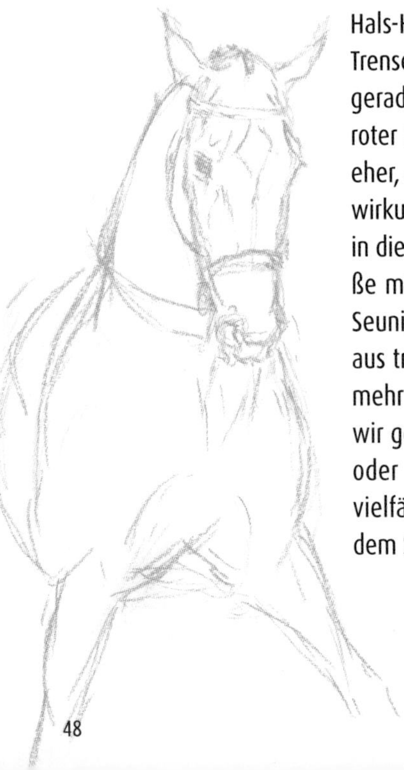

übrigens auch das von einer anderen Reiterfraktion angepriesene Dogma „Bein ohne Hand und Hand ohne Bein" aus meiner Sicht sehr kritisch zu sehen. Das kann mal in der einen oder anderen Situation funktionieren, gilt aber niemals als grundsätzlich richtig. Egon von Neindorff beschreibt es für uns am anschaulichsten, wenn er vom „Orchester der Hilfen" spricht. Jede Hilfe hat ihre Aufgabe und gewinnt je nach momentan erforderlicher Situation etwas mehr oder weniger an Bedeutung. Zum richtigen Zeitpunkt die geschickte Abstimmung hinzubekommen, bringt ein lockeres und willig gehendes Pferd. Und so rahmen wir unser Pferd liebevoll mit unseren Hilfen ein, um unsere leistungsbezogenen Anforderungen auf den Punkt bringen zu können, ohne es davonzuscheuchen oder zu blockieren. Richtig müsste es demnach heißen: Ich stelle mein Pferd an die Hilfen!

Der so häufig strapazierte Begriff „Biomechanik" hat für mich als klassischen Reiter im Verhältnis zur Reitlehre einen zu großen Raum eingenommen. Denn wir reden hier über Tiere, deren Wertigkeit für mich anders als die von Maschinen zu betrachten ist, die aus einer präzisen, von Ingenieuren ausgefeilten Technik bestehen. Die heutige Zucht hat zum Teil großartige Pferde hervorgebracht. Für mich ist das aber kein Wunder der Technik, sondern das Ergebnis gezielter Selektionen in der Zucht von Pferden. Diese Tiere reagieren immer noch intuitiv-individuell und sind damit nicht per Knopfdruck zu bedienen oder indem man einen Gang einlegt wie beim Auto. Das Pferd ist kein technisches Konstrukt – es hat keine Mechanik, sondern Bewegungen und eine Seele. Genau die gilt es, feinfühlig in die Balance zu bringen sowie bis zum perfekten Gleichmaß zu kultivieren, damit sich das Pferd mit Präzision und künstlerischer Leichtigkeit zeigen kann wie eine Primaballerina mit ihrer durchtrainierten und bis zum Maximum ausgefeilten Körperbeherrschung. Denn wie schon Aristoteles so treffend formulierte: „Der Kluge treibt die Genauigkeit nicht weiter, als es der Natur der Sache entspricht."

Bekannte vermeintliche Topausbilder nutzen gern den modischen Ausdruck „Zentrieren". Damit ist gemeint, dass wir unser Pferd zur Mitte seines Körpers hin, insbesondere vertikal, seitlich also, zusammenstellen. Es ist dabei wohl egal, ob das Pferd noch imstande ist, seine Balance zu halten, oder ihm dieses gewaltsame Zusammenpressen des Körpers noch erträglich ist. Das sieht dann aus wie folgt: Hals und Kopf werden nach innen gezogen bei gleichzeitigem, übermäßig starkem Einsatz des gleichseitigen

> **Nur wer liebend aus dem Kreis des Ichs heraustritt zu einem Du, findet das Tor zum Geheimnis des Seins.**
>
> Mark Aurel

Sporns. Das Wort „zentrieren“ bekommt hier eine neue Bedeutung, denn bisher kannte ich diesen Terminus nur im Zusammenhang mit dem Erreichen eines guten Reitsitzes. In seiner neuen Verwendung wird aber „zentrieren“ besonders häufig und in widersinniger Weise im Zusammenhang mit Lektionen verwendet, die eine erhöhte Längsbiegung bringen sollen, vor allem, wenn Schulterherein, Volten, Traversalen oder Galopppirouetten geritten werden sollen.

Auch der Ausspruch „Hast du das Genick, dann hast du das ganze Pferd“ wird heute in einer Form angewendet, die so nie gedacht war. Denn es wird mit grober Handeinwirkung versucht, unter allen Umständen das Genick zu bekommen. Dabei wird der Hals des Pferdes gekrümmt, hin und her gezogen, es wird im Maul gezerrt. Das Ergebnis ist ein Pferd, das sich im zweiten und dritten Halswirbel runden muss, ohne dabei das Genick hergeben zu können. So war diese Redewendung nie gemeint. Sie ist vielmehr so zu verstehen, dass infolge der ehrlichen Arbeit mit dem Pferd die Lastübernahme durch die Kräftigung von Hanke und Rücken, dieses intakten Balancesystems, geschieht und dadurch die Vorhand angehoben wird. Der höchste Punkt ist dann der Atlas und das Hinterhauptbein. Und genau hier lässt das Pferd schließlich sein lockeres Genick fallen – es stellt es dem Reiter zur Verfügung, das Pferd gibt es her. Das ist gemeint.

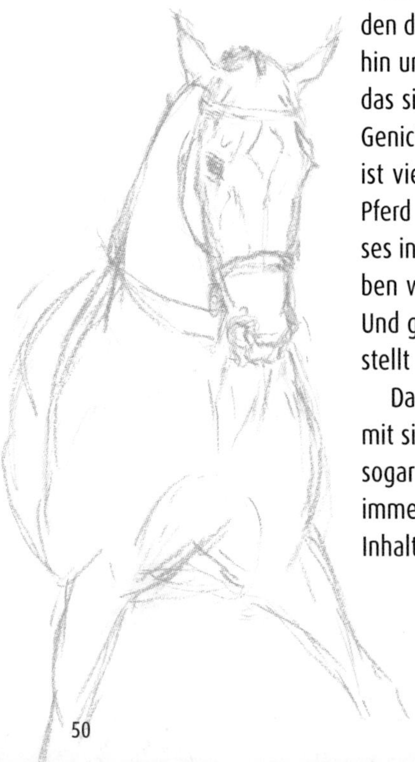

Das häufig propagierte Wort „Blickschulung“ bringt durchaus Verwirrung mit sich. Natürlich lernen wir, indem wir aufmerksam beobachten, das ist sogar eine Notwendigkeit. Doch bei der inflationären Verwendung dieses immer wieder geteilten Begriffs stellt sich mir die Frage, ob er noch mit Inhalt gefüllt ist und mit welchem. Wer schult denn die Blicke der uninformierten Laien und was steht im Fokus dieser Schulung? So erleben wir immer wieder unwissende Auswüchse in Social-Media-Kommentaren, die teilweise bizarr anmuten. Manche Bilder werden fälschlicherweise euphorisch gelobt und andere wiederum in den Boden gestampft, ohne dass die notwendige Kenntnis dahintersteht. So widersprechen Reitanfänger vehement und emotional den fundierten, fachlich richtigen Äußerungen von Reitlehrern, die wissen, wie eine pferdegerechte Ausbildung auszusehen hat. Ein anderes Phänomen in diesem Zusammenhang: Reiter werden angegriffen, weil sie eine Gerte mit sich führen oder sogar Sporen tragen. Vielleicht nutzen sie beides korrekt, und möglicherweise reiten sie darüber hinaus noch ebenso korrekt auf Kandare. Sie werden postwendend

So liebevoll, fachmännisch und umsorgt sollte der positive Start, das Anreiten und Besteigen eines ungerittenen, rohen Pferdes aussehen. Der Gesichtsausdruck der Remonte signalisiert Aufmerksamkeit, Ruhe, Vertrauen und: „Ich lasse mich anfassen."

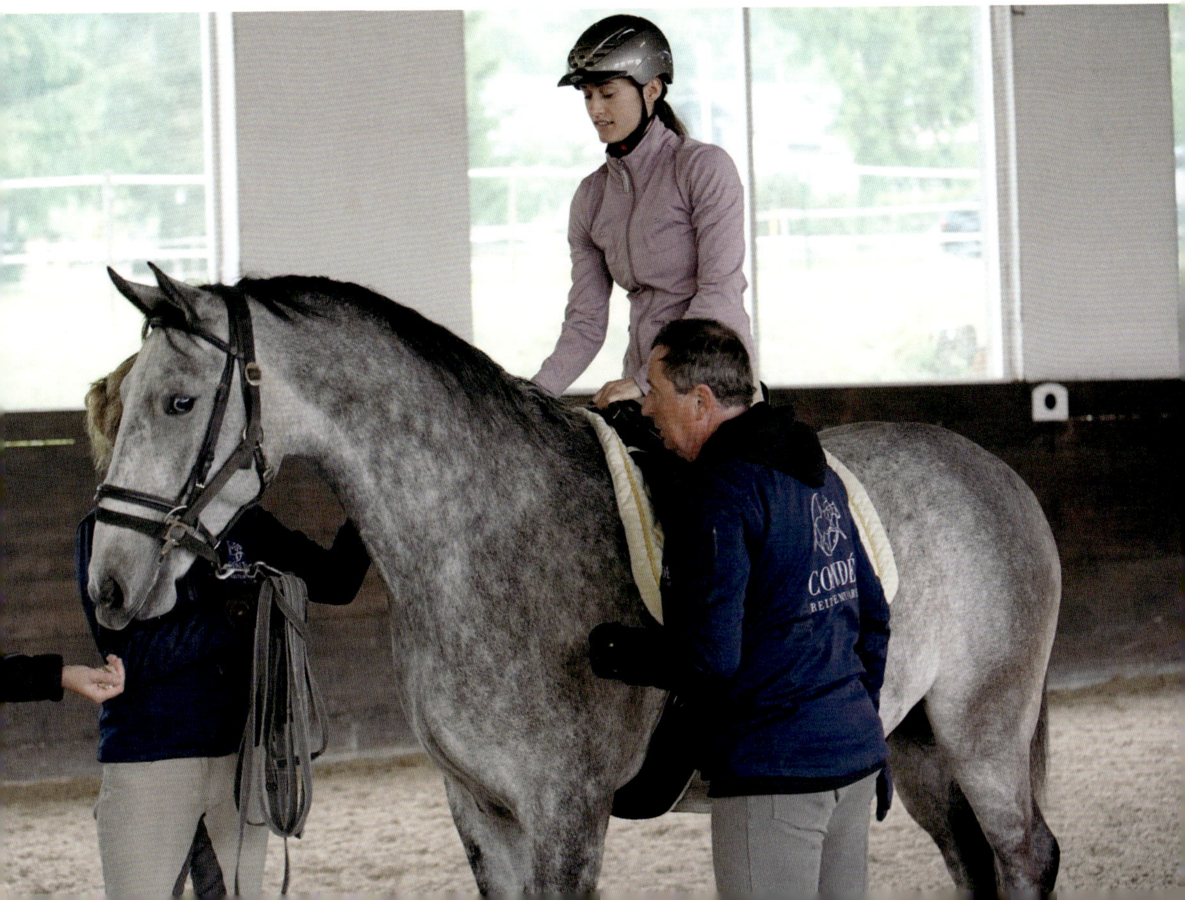

in den sozialen Netzwerken als Tierschänder oder Tierquäler tituliert. Ich frage mich allen Ernstes: Wer hat den Blick in dieser Weise geschult? Hier gibt es offensichtlich erheblichen Nachholbedarf in puncto Wissen rund ums Reiten. Wenn aber solche falsch verstandene Tierliebe zu derartigen verbalen Exzessen führt und diese auch noch massenhaft als richtig verbreitet werden, kann der Umgang mit dem Pferd zum fatalen gesellschaftlichen Risiko werden. Genau dieses Vorgaukeln von Wissen, ohne tiefer in die Materie eingestiegen zu sein, nenne ich Scharlatanerie. Das einer scheinbar zeitgemäßen Mode folgende Vokabular zeugt von der Oberflächlichkeit des Betrachters und dessen Unkenntnis in den Details der Sache.

Wir müssen also nicht seit Jahrhunderten bekanntem Wissen ständig einen neuen Namen geben, nur damit wir moderner und angepasster „rüberkommen“. Die klassische Reitlehre existiert in ihren Grundsätzen mindestens seit dem klassischen griechischen Altertum. Also brauchen wir keinen „neuen Wein in alten Schläuchen“!

Ein Pferd muss sich anfassen lassen können

Ein Begriff, der mir besonders auf der Seele liegt, ist der des „Anfassens“. Deshalb möchte ich ihm zum Schluss dieses Exkurses noch einen längeren Absatz widmen – beziehungsweise der Schieflage des Gleichgewichts durch das falsch verstandene Anfassen eines Pferdes.

„Ein Pferd muss sich auch anfassen lassen können“, sagen Richter, Trainer und Reiter – meiner Meinung nach zu Recht. Aber ganz so platt, wie es auf den ersten Anschein wirken mag und viel zu häufig verwendet wird, ist es gar nicht gemeint. Mehrere Faktoren müssen dabei berücksichtigt werden. Zuallererst spielt hier wieder die Individualität des Pferdes eine große Rolle. Nachdem die naturgegebene Sensibilität, Mentalität und der Körperbau je nach Pferd völlig unterschiedlich ausfallen können, bedarf es der ausgereiften Kenntnis und des Geschicks eines jeden Reiters, den richtigen Zeitpunkt herauszufinden, zu dem das Pferd beginnt, sich „anfassen“ zu lassen. Für unser Pferd ist dies eine Passivfunktion, die nur durch den Reiter hervorgerufen werden kann. Es lässt sich nämlich nicht sofort automatisch und jederzeit durch die reiterlichen Hilfen anfassen. Hierfür benötigt der Reiter sensibelstes Einfühlungsvermögen in Geist und Bewegungsablauf des Pferdes. Neben den eben aufgezeigten Eigenschaften spielt die systematische Ausbildung eine entscheidende Rolle, ob es mir

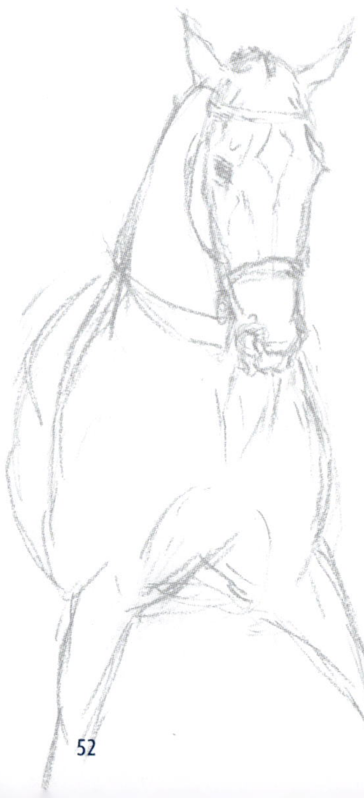

> So mancher Reiter glaubt tatsächlich, das Pferd sei zu dumm, uns zu verstehen. ”

als Reiter gelingt, dass mein Pferd meine Hilfen in Gänze akzeptiert und auch toleriert, wenn ich einmal stärker damit durchkomme. Das ist daran zu erkennen, dass sich das Pferd dabei nicht aufregt und die Anforderung routiniert hinnimmt. Ich kenne kein Tier, das die dafür notwendigen Nehmerqualitäten von Geburt an zu 100 Prozent mitbringt. Denn diese können erst im Laufe der Ausbildungszeit bei fairem Umgang mit dem Pferd entwickelt werden. Zu keiner Zeit darf es dazu führen, dass wir grob werden mit unserem Reitpartner. So mancher Reiter glaubt tatsächlich, das Pferd sei zu dumm, uns zu verstehen. Dieses ignorante Unverständnis beginnt schon bei der Zäumung des Pferdes, also sehr früh. Zum Beispiel, wenn ihm die Nase sofort zu fest zugeschnürt wird, da es ja das Maul aufsperren könnte – die natürlichste Reaktion, wenn das „Anfassen" mit der Hand in ein Ziehen ausgeartet ist. Dabei würde ein freundlicher Umgang durch die Reiterhand dieses Problem gar nicht erst hochkommen lassen. Gleiches gilt in erhöhtem Maß für die spätere Nutzung der Kandare. Hier wird der Nasenriemen gern ohne den vorgeschriebenen Abstand unmittelbar am Jochbein mit Werkzeugen aller Art richtig auf Zug gebracht. Dabei wird die Kinnkette so eng eingelegt, dass die Hebelwirkung aufs Pferdemaul grob und brutal wird. Das Pferd kann dem durch dieses „Anfassen" verursachten Schmerz nicht mehr entweichen. Verhaltensein bis hin zur Widersetzlichkeit ist die Folge. Daraus resultiert unmittelbar die nächste Pein durch das nun folgende Weiter-„Anfassen", um das Pferd wieder in ein vermeintliches „Vorwärts" zu bewegen. Die Sporen werden permanent in den Bauch gestoßen, bis sich das Pferd im Rücken nach oben krümmt, unter unablässigem Nach-links-und-rechts-Zerren von Kopf und Hals.

Wiederum resultierend sehen wir Reiter – ganz gleich, ob diese internationale oder nationale Prüfungen reiten –, die nicht in der Lage sind, ihren Oberkörper ruhig und aufrecht zu halten und ihn dabei senkrecht zum Boden einzustellen. Der Reiter „fasst" also in extremer Rücklage seines Oberkörpers die Zügel, bei durchgestrecktem Arm, mit harter Hand „an", um sein verloren gegangenes Gleichgewicht zu kaschieren.

Aber: Mit „Anfassen" ist eben nicht der aggressive Umgang solcher angenervten, ihre Pferde malträtierenden Ehrgeizlinge gemeint. Ebenso kurzsichtig ist die weitverbreitete Einstellung, dass junge Pferde, solange sie noch recht schwach und ohne Kraft in ihrem unausgewogenen Gleichgewicht sind, unter „Anfassen" risikoloser einzureiten seien. Das junge Pferd müsse sich doch von Anfang an „anfassen lassen". Dabei steht wohl mehr die Angst des unvernünftigen Reiters im Vordergrund, nicht vom Pferd zu fallen. Damit geht auch noch die Ansicht einher, dass der kurze Zügel sofort die richtige Anlehnung brächte. Doch die Remonte wird dann nur Kopf und Hals auf dem Zügel ablegen, und das so propagierte Mittel, dem Pferd mit derartiger Zügelführung in der Balance zu „helfen", erweist sich als schlechter Witz – es verhält sich nämlich genau diametral entgegengesetzt. So indifferent und unbesonnen an ein junges Pferd heranzutreten, zerstört Vertrauen sowie jeden ehrlichen Ausbildungserfolg für die Zukunft. So wird das Wort „anfassen" durch Unwissenheit und Ignoranz zur Farce.

Aber wenden wir uns nun noch den vernünftigen Reitern zu, denn diese werden mit großer Sorgfalt, Liebe und Geduld ihr Pferd anreiten und dabei beachten, dass die Remonte stets in einem Zustand ist, in dem sie körperlich kräftig und mental ausgereift ist, um jede neue Belastung zu meistern. So angerittene Pferde werden uns zukünftig große Freude bringen und sich schon sehr bald im besten reiterlichen Sinne anfassen lassen, solange wir nicht beginnen, sie zu überfordern oder zu stören.

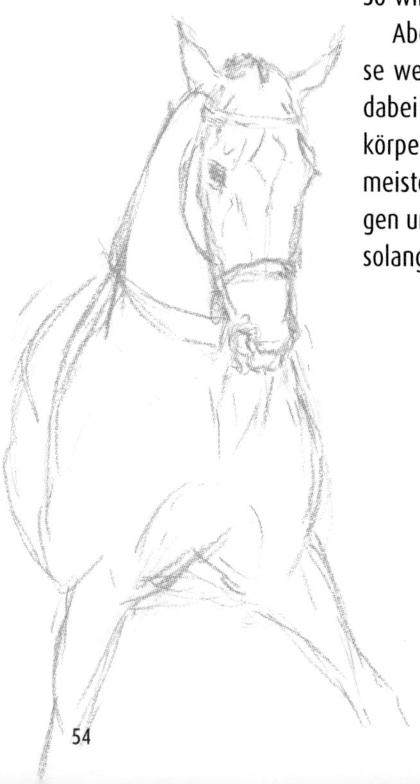

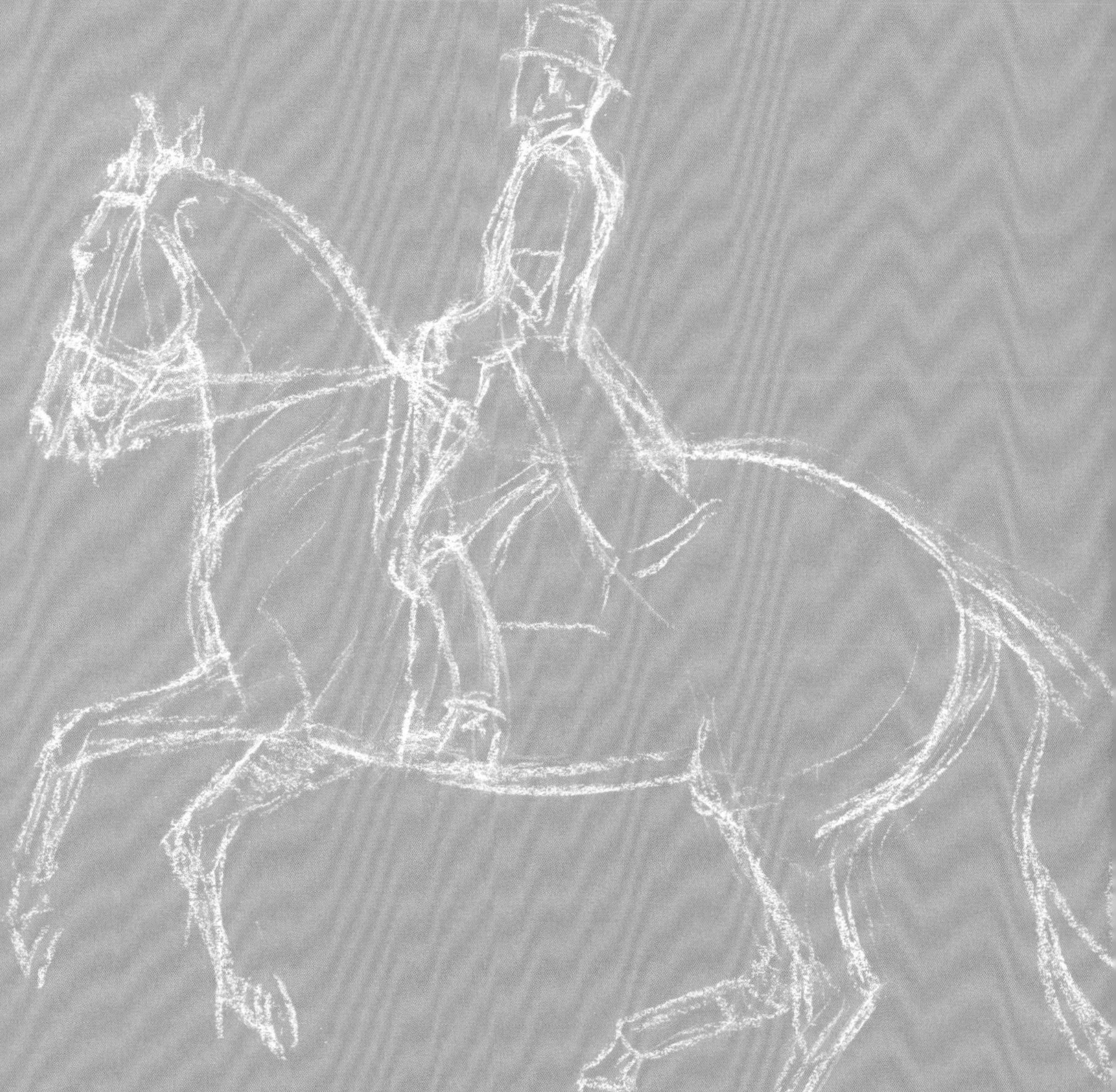

Reitkunst sensibel

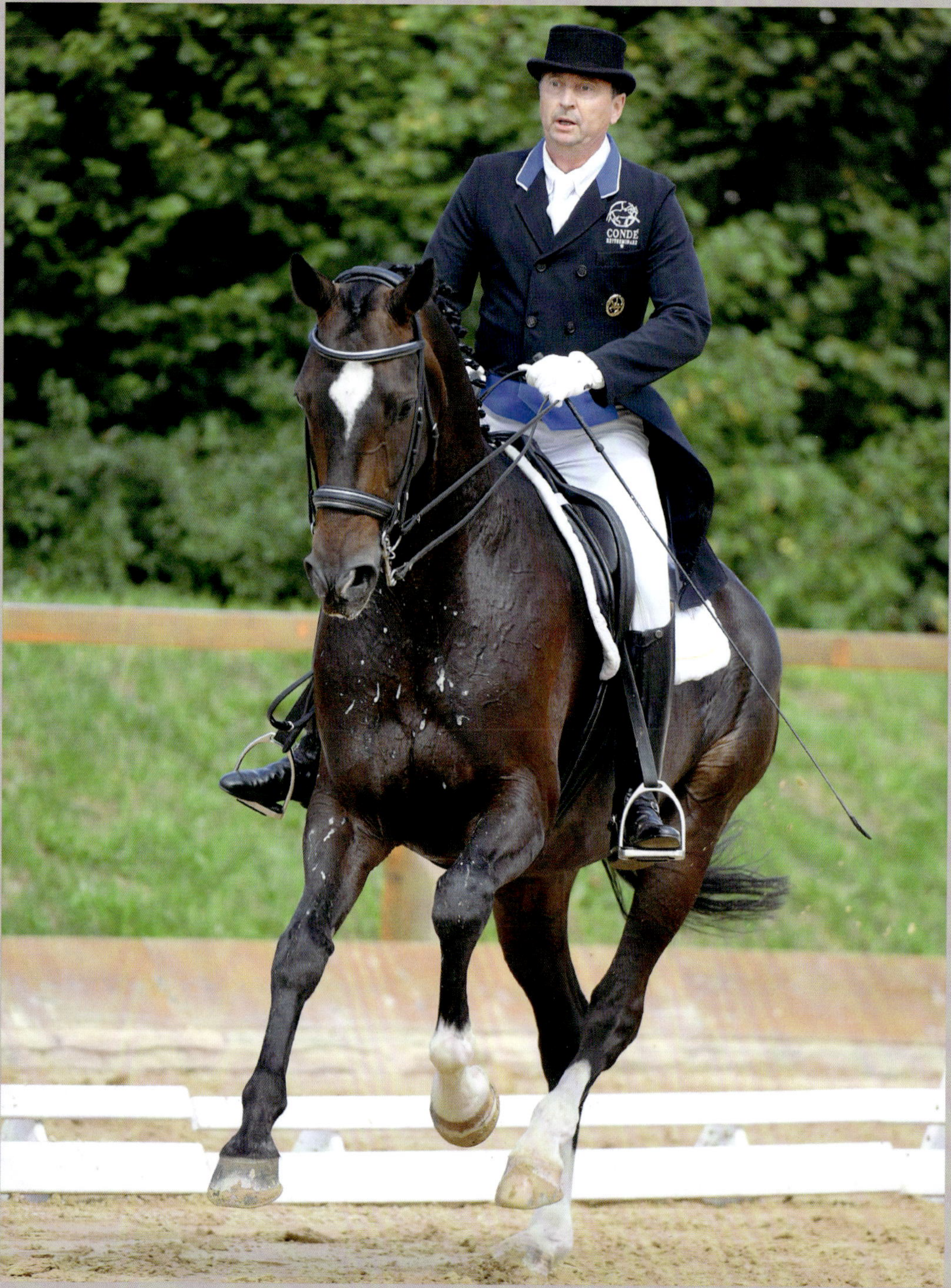

Reitkunst sensibel

Kapitel 3

Das horizontale Gleichgewicht

Eine Typologie der verschiedenen körperlichen Gleichgewichtssituationen des Pferdes und deren vollständige Integration in die Ausbildungsskala könnte man, in Bezug auf die in meinem Buch *Mit dem Pferd* erläuterten drei Phasen der Anlehnung, in Kurzform folgendermaßen beschreiben: Ein junges Pferd muss unter dem Reiter erst einmal sein neues Gleichgewicht finden, genauso wie es zu Beginn seiner Ausbildung die Anlehnung suchen und finden sollte. Unter dem Reiter soll es also im weiteren Verlauf seiner Ausbildung in einer von der Natur vorgegebenen Form sicher ins Gleichgewicht kommen, in derselben Art und Weise, wie es lernen soll, den Zügel vertrauensvoll anzunehmen. Und zuletzt, da das Pferd inzwischen gelernt hat, mit seinem Gleichgewicht umzugehen und es zu halten, kann der Reiter durch seine perfekt auf den Bewegungsmodus des Pferdes abgestimmte Hilfengebung über den kurzen Zügel (dritte Phase der Anlehnung) die Verlagerung der Balance nach hinten oder vorn bestimmen.

Es gibt, bezogen auf den Körper des Pferdes, zwei Typen von Balance, nämlich die horizontale und die vertikale Balance. Erst wenn diese beiden Zustände berücksichtigt und ausgearbeitet werden, sehen wir ein Pferd, das sich im Trab zuverlässig im gleichmäßigen Takt bewegt, egal, welche Lektion geritten wird. Das Tempo ist die Geschwindigkeit der Bewegungen, damit ist das Zeitmaß gemeint zwischen dem Hochnehmen und Hinsetzen der Beine. Dabei kann das Pferd gedehnter, kürzer, geschlossener oder freier gehen. Erst wenn das Pferd ein gleichmäßiges Tempo beigebracht bekommen hat, das seinen Möglichkeiten entspricht (Alter, Körperbau), haben wir die Grundlage der weiteren Bearbeitung geschaffen. Dies ist der Beweis dafür, dass sich ein Pferd in der Bewegung ausbalanciert bewegt. Der Trab ist somit die Mutter aller Gangarten und ist gleichzeitig der Ausgangspunkt zur Ausarbeitung eines passenden Gleichgewichts für Pferd und Reiter. Diese Messlatte, nach der – auch im Sinne der Richtlinien – ein gut gerittenes Pferd beurteilt werden müsste, findet heute in den diversen öffentlichen Bewertungen fast keine Beachtung mehr, umso mehr aber das Absolvieren von Lektionen, die in der Folge allesamt außerhalb der Balance des Pferdes liegen.

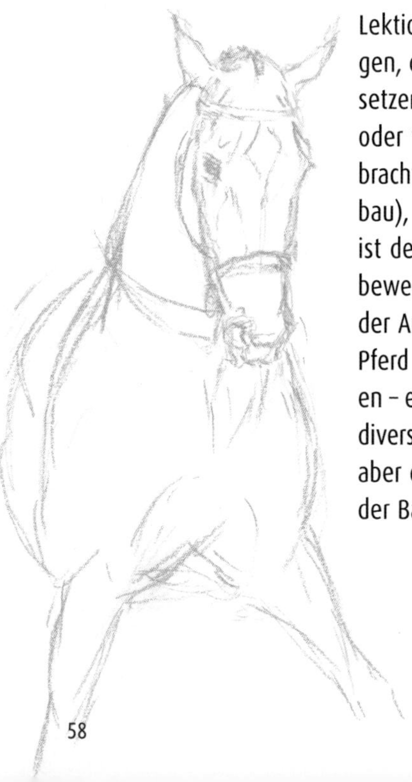

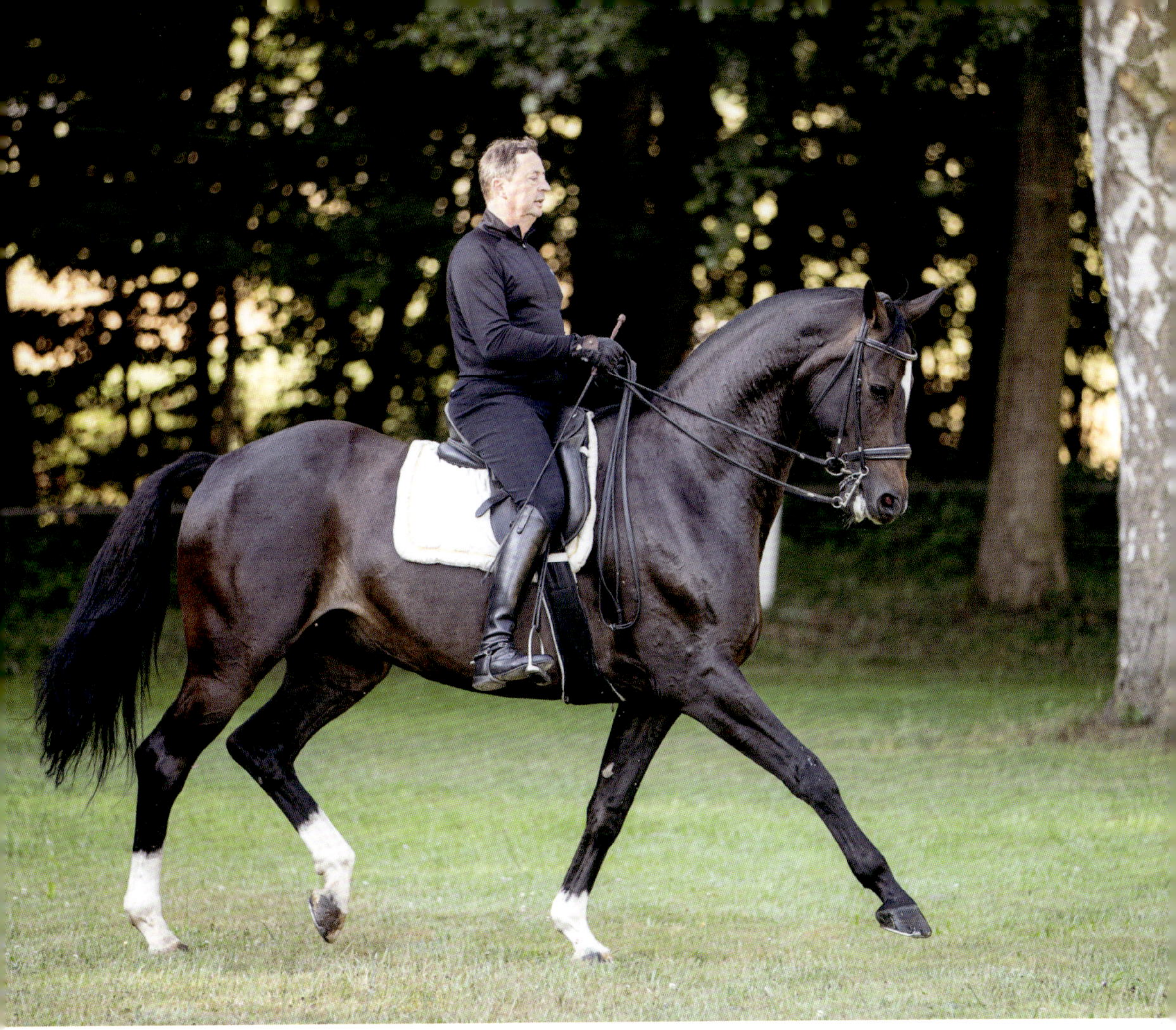

Versammelter Trab eines modernen Sportpferdes. Aktiv in seiner schönen Bewegung und sicher in Takt, Tempo und Rhythmus – es trägt sich selbst.

Für die horizontale Balance des Pferdes lassen sich drei hauptsächliche Gleichgewichtssituationen beschreiben. Die erste ist die natürliche, die das Pferd zum Beispiel beim Grasen einnimmt. Der Korpus der Rückenwirbelsäule verläuft dabei von hinten nach vorn-abwärts. Durch das Vorstellen eines Hinterfußes und das damit verbundene beginnende Absenken der Hanke erreicht das Pferd fast automatisch, dass die Wirbelsäule in Richtung Waagrechte kommt. Verstärkt wird dieser Effekt dadurch, dass das Pferd den Hals zum Grasen maximal lang macht. Das Nackenband hat dabei die Funktion, den Kopf in seiner Position zu halten. Die tragenden Elemente sind hier die sieben Halswirbel und das restliche Skelett. Die Unterhalsmuskulatur spielt da jedoch für die Tragfähigkeit keine Rolle. Durch dieses Langmachen bringt das Pferd die einzelnen Wirbel der Rücken- und Halswirbelsäule in eine optimale Stellung zueinander. Zeitgleich werden die Hals- und Rückenmuskeln in eine lange Position gebracht, die unbedingt notwendig ist, wenn das Pferd locker agieren möchte. Als weiterer positiver Effekt erfolgt durch dieses Vorwärts-abwärts-Nehmen des Halses eine Rotation nach rückwärts-oben im Brustbeinbereich, die den Rücken vorn höher bringt. Das Wissen darüber brachte mir Dr. Ulrich Kissling bei, ein bekannter Tierarzt aus Iffezheim.

Das Skelett des Pferdes aus der Betrachtungsweise des einzustellenden Gleichgewichts. Sehen wir uns das Skelett des Pferdes in einer ruhenden Position an und ziehen wir jeweils eine senkrechte Linie durch die Vorhand und durch die Hinterhand, so erkennen wir, dass durch die etwas längeren Knochen der Hinterhand diese etwas höher kommt als die Vorhand. Das Verbindungsstück ist die Rückenwirbelsäule an und für sich und nicht deren Dornfortsätze, die die Vorhand automatisch höher erscheinen lassen. Die Rückenwirbelsäule verläuft vom Becken gesehen leicht abwärts in die Schulter des Pferdes.

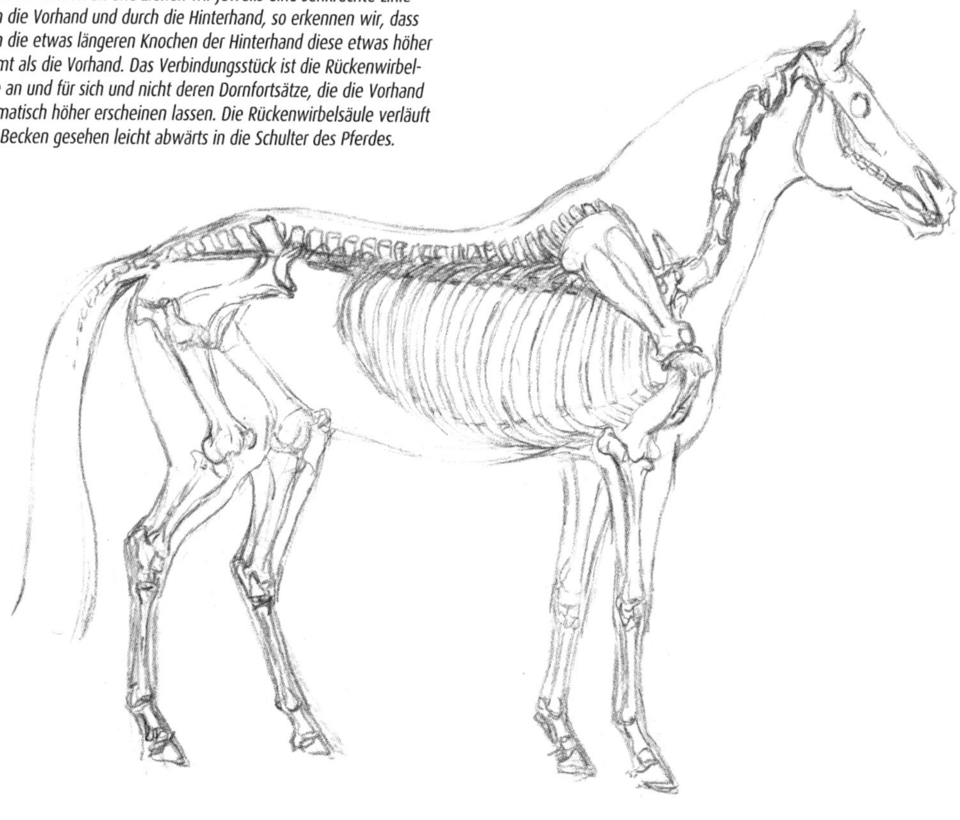

Ein Vorderbein ist dabei meistens nach hinten gerichtet, so findet das Pferd in sein natürliches horizontales Gleichgewicht im Stehen – die Rückenwirbelsäule verläuft fast waagrecht und parallel zum ebenen Boden. Stehen die Pferde am Hang, so schieben sie die Hinterhand noch weiter unter. Eine solche Balancesituation kann das Pferd stundenlang einnehmen, ohne dabei zu ermüden. Die zweite Balancesituation ist bereits antrainiert und zeichnet sich dadurch aus, dass sich die Rückenwirbelsäule unter dem Reiter in der Waagrechten befindet. Und die dritte Gleichgewichtssituation ist die, in der die Rückenwirbelsäule hinten tiefer liegt als vorn.

Position des grasenden Pferdes in seiner natürlichen Balance. Wenn wir uns nun die Lage der Rückenwirbelsäule in dieser Zeichnung ansehen, dann finden wir sie in der Waagrechten zum Boden, und damit ist das Pferd in seinem natürlichen Gleichgewicht.

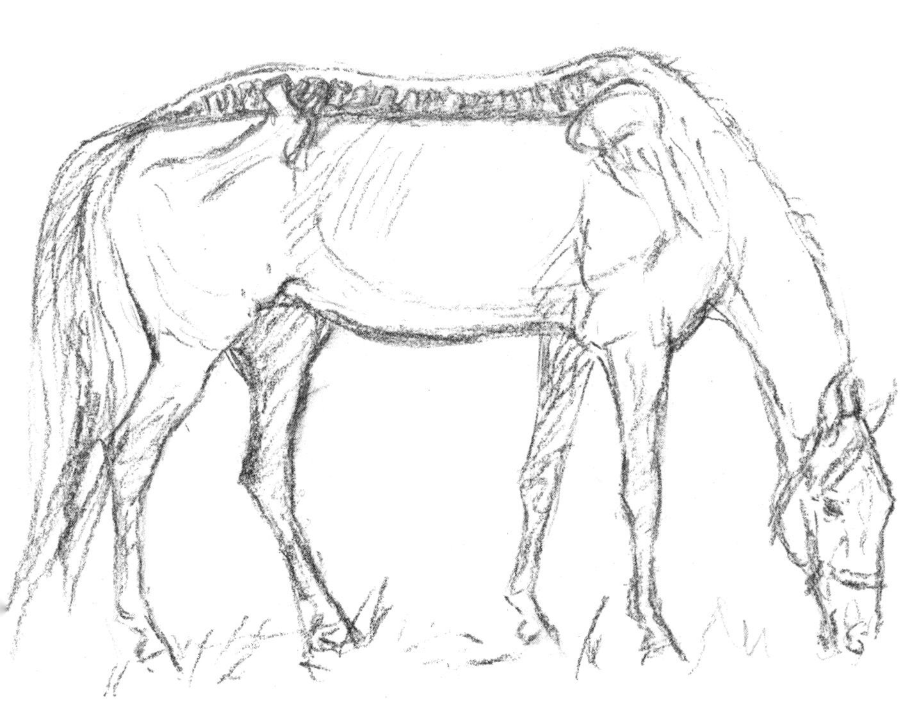

Dieses Pferd zeigt sich bereits mit vermehrt herangeschlossener Hinterhand im Vorwärts-aufwärts. Die eingezeichnete vermehrte Winkelung der Hanke zeigt die Position in der Hinterhand an, in der das Zusammenwirken mit den Sprunggelenken, die als „Sprungfedern" funktionieren sollen, am effizientesten für das Pferd ist. Dabei senkt sich die Nachhand und über den schwingenden Rücken kommt die Vorhand höher. Der eingezeichnete Pfeil in der Schulter des Pferdes unterstreicht die bereits gut ausgearbeitete Gleichgewichtssituation von Pferd und Reiter, der durch seine leichte Vorlage im Oberkörper das Pferd in seiner Bewegung deutlich freier werden lässt. So kann sich ein etwas schwererer Reiter für sein Pferd sehr leicht machen, und umgekehrt kann ein leichter Reiter das Pferd seine Last auch sehr stark und unangenehm spüren lassen.

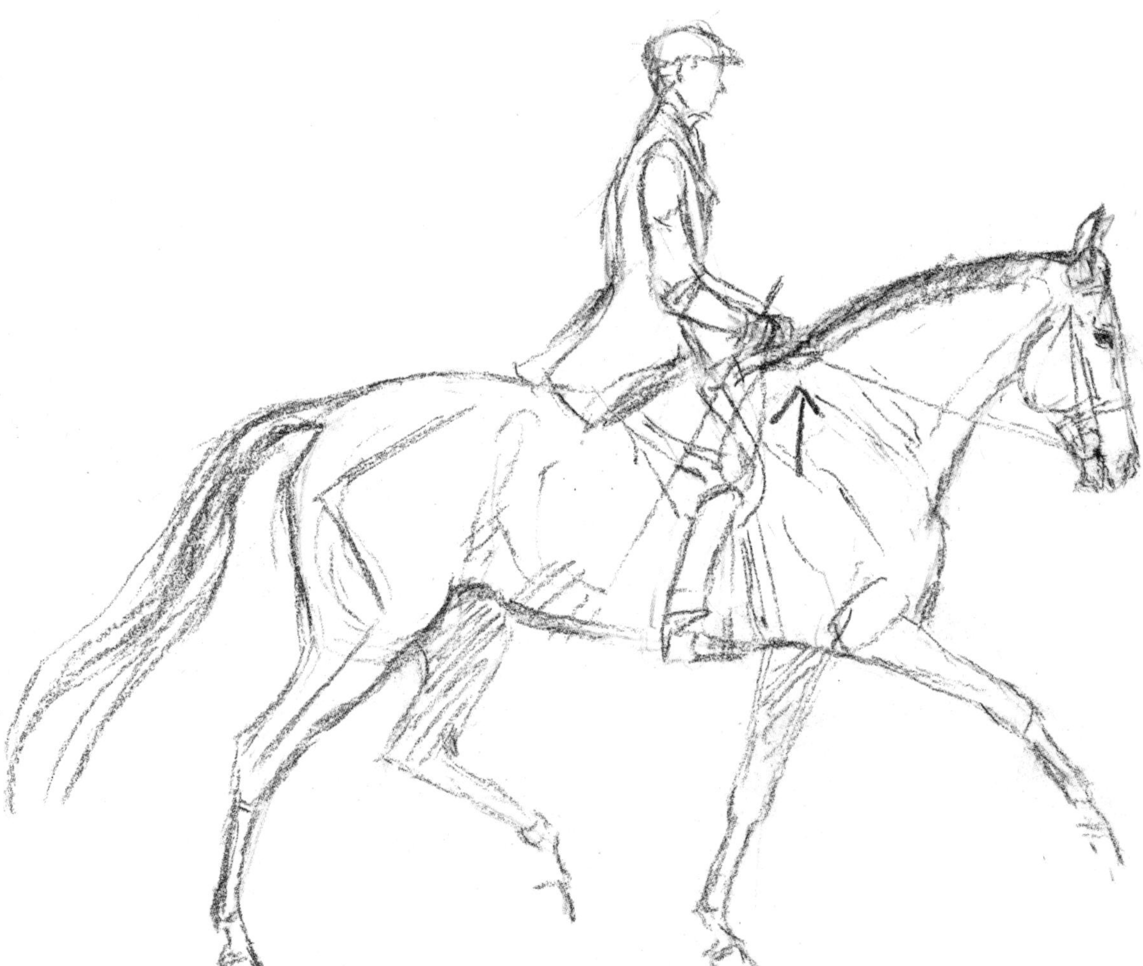

> Es ist unsere Aufgabe, die Hanke, die auch zentraler Aufhängungspunkt der Wirbelsäule ist, zu kräftigen und in unseren Dienst geschmeidig einzufügen.

Damit das Pferd den Reiter schadlos tragen kann, versuchen wir, die Lastübernahme auf die stärkeren und längeren Knochen des Pferdes zu übertragen. Vergleichen wir den Knochenbau der Vorhand und der Hinterhand, so lässt sich feststellen, dass die Hinterhand stärker gebaut ist und dass die gesamte Vorhand mehr Masse hat als die Hinterhand und somit schwerer ist. Würden wir das Reitergewicht einfach – ohne zu überlegen, welche Veränderung der Gleichgewichtssituation dies für das Pferd bewirkt – übernehmen, dann würden wir durch die hinzugekommene Last die Vorhand des Pferdes übermäßig beanspruchen. Damit das nicht passiert, müssen wir das Pferd zuerst dazu bringen, in seinem natürlichen Gleichgewicht zu gehen, und das ist genau dann der Fall, wenn seine einzelnen Rückenwirbel in der ursprünglichen, von Natur aus konstruierten Situation bleiben und wenn die Wirbelsäule in die Waagrechte gebracht wird. Wenn diese Voraussetzungen gegeben sind, dann wird die Gewichtübernahme und damit die Balanceverteilung mehr und mehr durch die Hinterhand getragen. So zeigt sich das Pferd „geschlossen", womit in etwa das Ende der Campagneschule erreicht ist.

Die dritte Balancesituation wird über die Steigerung des Schließens erreicht, nämlich in der Versammlung. Senken wir die Hinterhand noch weiter ab, so sprechen wir von sehr versammelten Gängen, mit deutlich kürzerem oder stark verkürztem Raumgriff. Dies ist dann die Hohe Schule. In der Hinterhand des Pferdes sind die beiden oberen, die Hüft- und Kniegelenke, die kräftigsten. Diese bilden die Hanke. Hier liegen die Hauptkräfte zum Stützen und Fortbewegen des Pferdes, darüber hinaus wirkt die Hanke als Stoßdämpfer. Und genau diese Hanke müssen wir nun verstärkt zum Einsatz bringen. Im Zusammenwirken mit den weiter unterhalb liegenden Gelenken wie Sprunggelenk, Fesselgelenk und Krongelenk bildet sie den Motor des Pferdes. Es ist unsere Aufgabe, die Hanke, die auch zentraler Aufhängungspunkt der Wirbelsäule ist, zu kräftigen und in unseren Dienst geschmeidig einzufügen. Beim gut gearbeiteten Pferd bilden sich im Bereich der Hanke starke Muskeln aus, die sogenannten Hosen, die, wenn man von hinten auf das Pferd sieht, gut erkennbar sind.

Von den unteren Gelenken des Hinterbeins ist das Sprunggelenk, welches nicht zur Hanke gehört, auch wenn viele das meinen, das bedeutendste. Die sprungartige Federkraft wird durch kleine Gelenkknochen in Verbindung mit den daran angehefteten Sehnen und Streckern erzeugt. Genauso hat die Natur das Sprunggelenk zur optimalen Schwungentfaltung konstruiert, und es leidet stark bei unnatürlicher Belastung. Auch die untersten Gelenke werden gebeugt und federn das Auftreten auf dem Boden ab. Das heißt für uns, dass wir die unteren Gelenke des Hinterbeins nur schützen können, wenn wir unser Augenmerk auf die Funktionen einer richtig bearbeiteten und für die Balance sorgende Hanke legen. Dieses ausbalancierte Pferd, das in seinen Hanken biegsam gemacht wurde und daher auch Bodenstöße abfedern kann, schützt damit zusätzlich die unteren Gelenke seiner Beine. Die Hinterhand unseres Vierbeiners ist so gegen Erkrankungen – wie Quetschungen der Knochenhaut, Zerrungen und Überdehnung von Gelenkbändern und Gelenkkapseln, Spat, Hasenhacke und Piephacke – geschützt, sofern diese nicht durch äußere Faktoren verursacht sind.

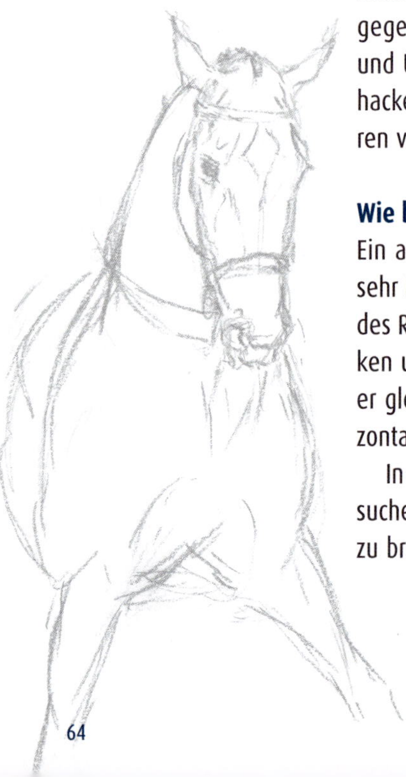

Wie bringen wir nun die Rückenwirbelsäule in die Horizontale?

Ein alleiniges Höhernehmen des Halses, wie man anhand des Skeletts sehr leicht sehen kann, reicht nicht aus. Ohne die richtige Funktionsweise des Rückens, der als einziger Körperteil in der Lage ist, die Hanke zu senken und damit die Rückenwirbelsäule hinten tiefer zu bringen, wodurch er gleichzeitig die Vorhand anhebt, wird das Pferd sein natürliches horizontales Gleichgewicht in seinen Bewegungen nicht herstellen können.

In der reiterlichen Ausbildung unseres Pferdes, in der Bewegung, versuchen wir nun stufenweise die Rückenwirbelsäule in diese Waagrechte zu bringen, also zuerst einmal das natürliche Gleichgewicht des Pferdes

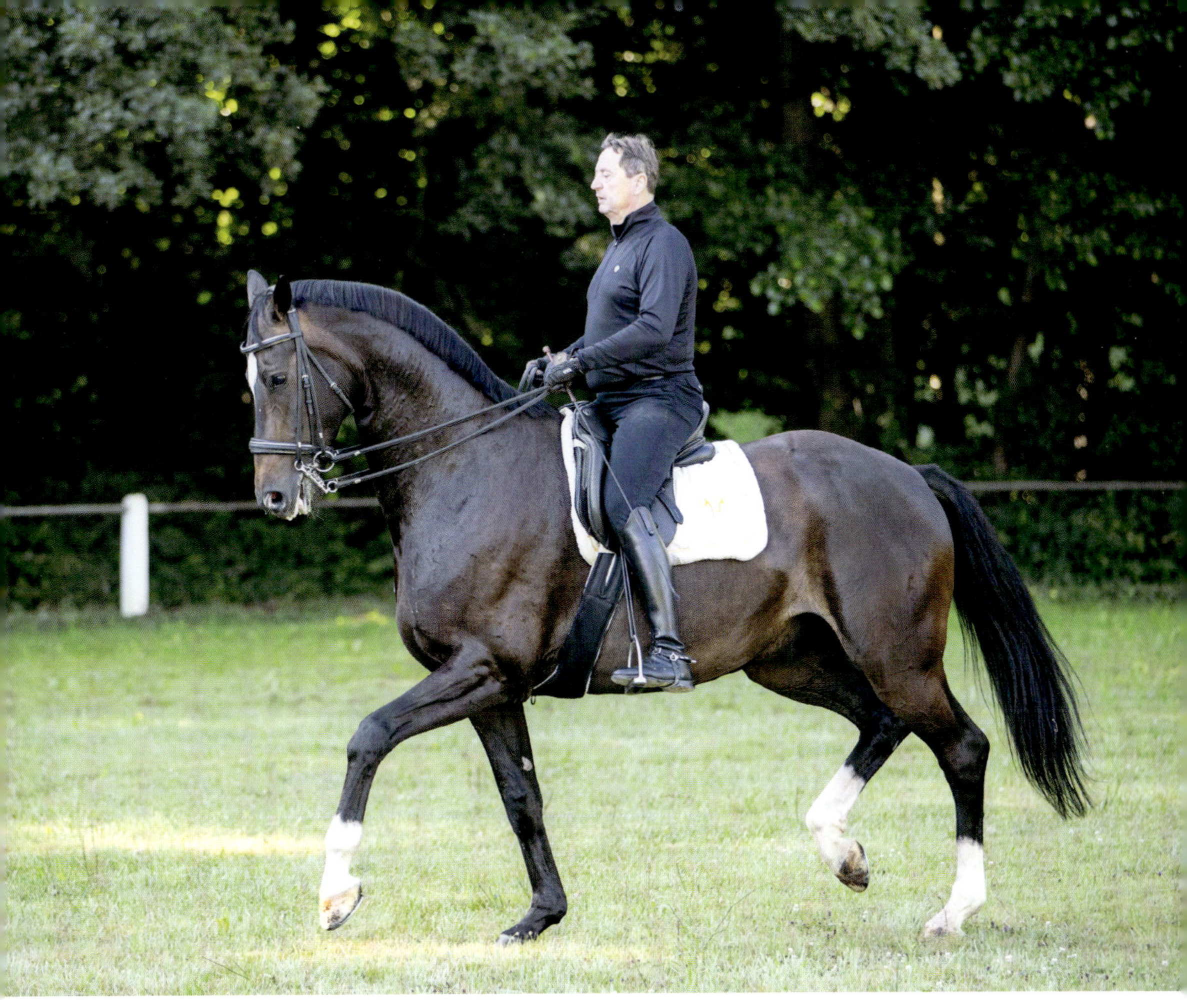

Das Schönerwerden eines Pferdes, wie es Egon von Neindorff bezeichnete, entsteht durch die jahrelange Weiterentwicklung seiner Muskulatur, genau in der vorgegebenen genotypischen Anlage, eben in der Art und Weise, wie diese von Natur aus angelegt und in diesem Sinne zu trainieren ist. Dies gilt für sein körperliches Gleichgewicht genauso wie für seine mentale Reife. Eine Ausbildung gegen die Natur des Pferdes und auf Kosten des natürlichen Gangs zeugt von reiterlicher Oberflächlichkeit. Die Reinheit des Gangs steht, ganz gleich, auf welcher Ausbildungsstufe wir uns befinden, immer an erster Stelle!

wiederherzustellen. Unsere Aufgabe ist es, die richtigen Zeitpunkte zu erfassen, damit die korrekte Hilfengebung genau zu diesen angewendet werden kann, um dem Pferd zu helfen, das Gleichgewicht zu finden. Denn von vornherein laufen unsere unausbalancierten jungen Pferde aufgrund des dazugekommenen Reitergewichts, bezogen auf den Verlauf ihrer Rückenwirbelsäule, vorwärts-abwärts. Dabei spielt es keine Rolle, ob der Hals nach oben geformt ist oder nicht. Erst die richtige Kräftigung und das Geschmeidigmachen der Hinterhand, was Sehnen, Bänder, Muskulatur anbelangt, bringt automatisch das richtige Training für den Rücken mit sich, und dieser sollte dann später in die Lage versetzt worden sein, die gesamte Vorhand anzuheben, was man an der resultierenden Leichtfüßigkeit der Vorhandbewegungen der Pferde erkennen kann. Die eben genannte Vorwärts-abwärts-Situation der Rückenwirbelsäule ist nicht zu verwechseln mit dem Vorwärts-abwärts-Reiten. Denn bereits im richtig ausgeführten Vorwärts-abwärts-Reiten fördern Hanke und Rücken das Höhernehmen der Vorhand.

Dieses Langmachen des Pferdes sehe ich als eine der besten Möglichkeiten, das Locker-Dynamische im Pferd hervorzurufen. Hier wird auf leicht gebogener Linie gezeigt, wie die Gymnastizierung weiter gefördert wird. Das Schwungvolle, was durch Hanke und Rücken produziert wird, macht das Halten der Balance zu einer Herausforderung. Jede unbedachte Bewegung des Reiters außerhalb der beiden harmonisch übereinanderliegenden Schwerpunktlinien – von Reiter und Pferd – mindert den Wert dieser Übung dramatisch, weil dies das Pferd aus dem empfindlichen natürlichen Gleichgewicht wirft.

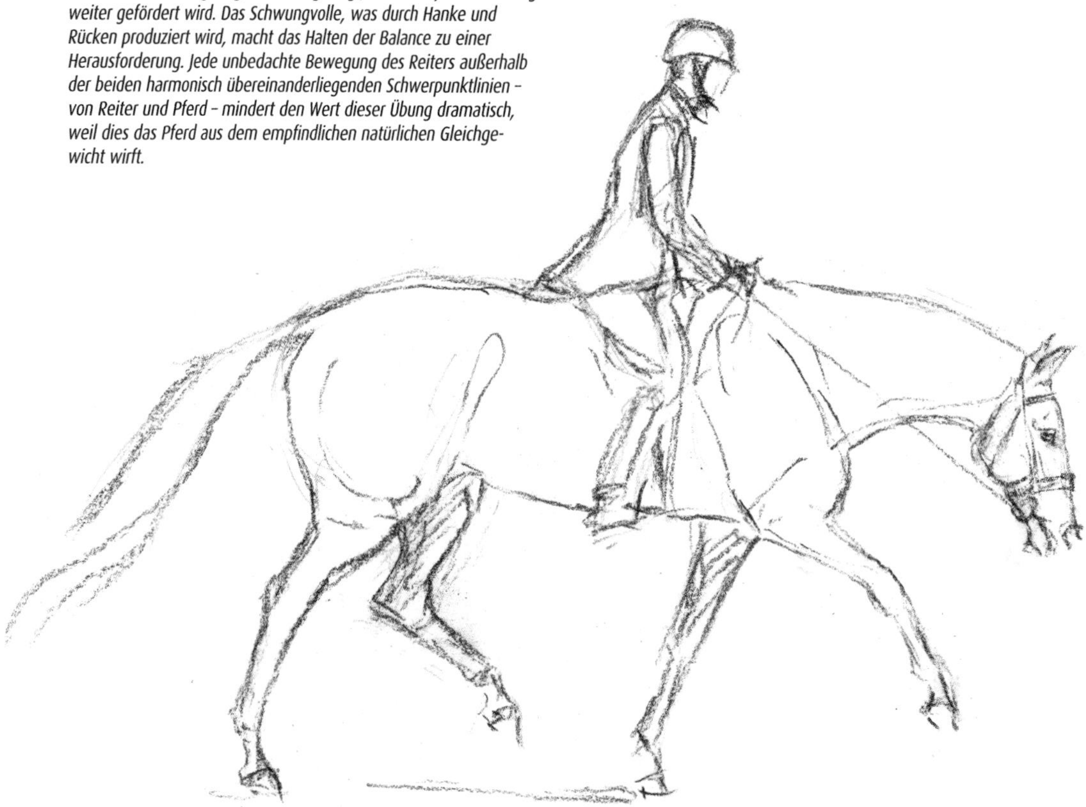

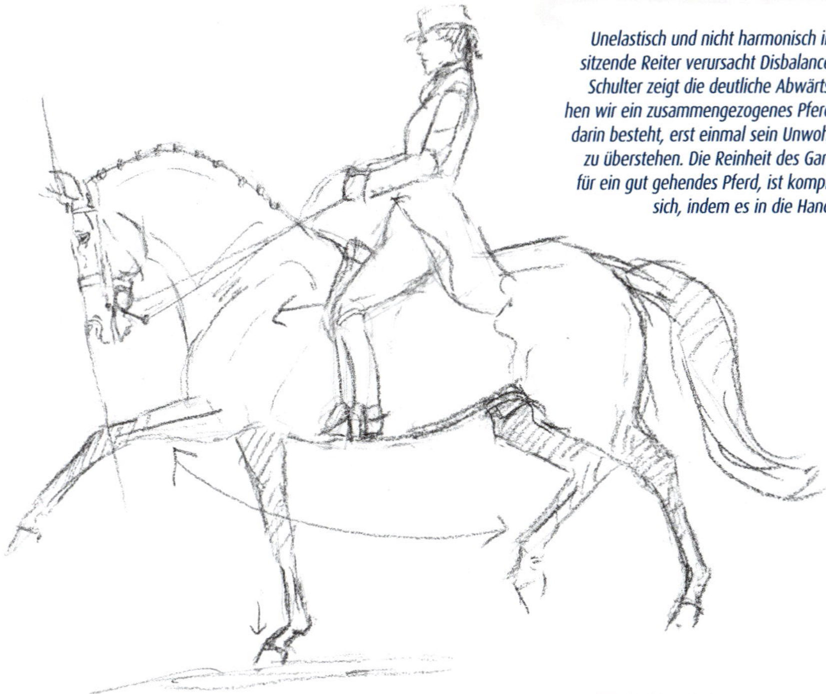

Unelastisch und nicht harmonisch in den Bewegungen – der schlecht sitzende Reiter verursacht Disbalance und Taktverlust. Der Pfeil an der Schulter zeigt die deutliche Abwärtstendenz der Vorhand an. Hier sehen wir ein zusammengezogenes Pferd, dessen größte Herausforderung darin besteht, erst einmal sein Unwohlsein und seine völlige Schieflage zu überstehen. Die Reinheit des Gangs, eine der Grundanforderungen für ein gut gehendes Pferd, ist komplett aufgehoben. Das Pferd behilft sich, indem es in die Hand zieht und dort eine Stütze sucht.

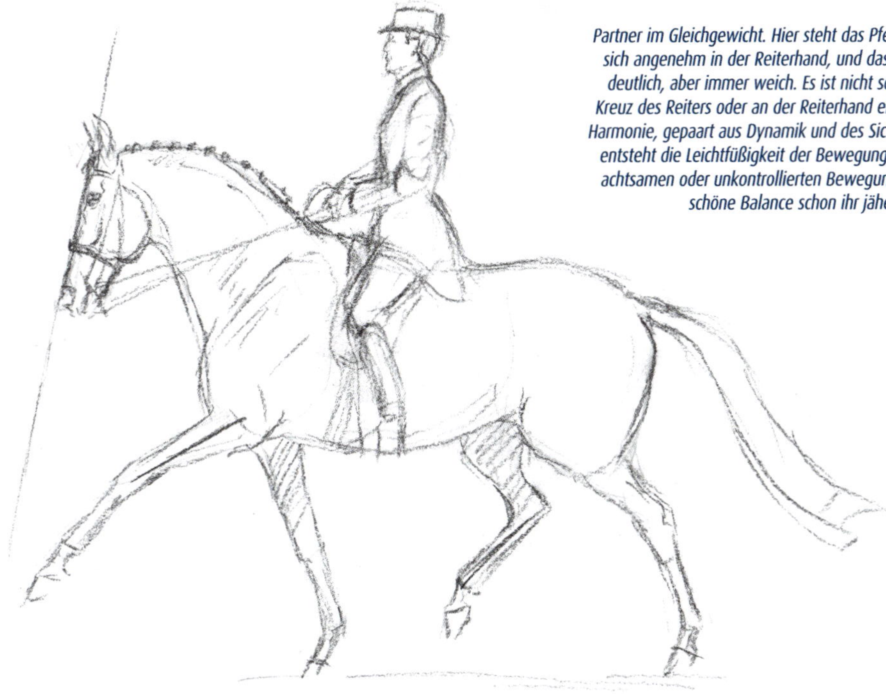

Partner im Gleichgewicht. Hier steht das Pferd am Kreuz und meldet sich angenehm in der Reiterhand, und das mal mehr oder weniger deutlich, aber immer weich. Es ist nicht so, dass sich das Pferd am Kreuz des Reiters oder an der Reiterhand einfach nur abstößt. Durch Harmonie, gepaart aus Dynamik und des Sich-selbst-tragen-Könnens, entsteht die Leichtfüßigkeit der Bewegungen. Bei einer kleinen unachtsamen oder unkontrollierten Bewegung des Reiters kann diese schöne Balance schon ihr jähes Ende gefunden haben.

Welcher Ausbildungsweg eignet sich dazu am besten?

Das sogenannte Langmachen des jungen Pferdes hat den großen Vorteil, dass das Pferd seinen Oberhals entspannt, und damit entspannt es auch den Rücken. Gerade junge Pferde verspannen sehr häufig schon direkt nach dem Aufsitzen ihre Halsmuskulatur. Diese Muskulatur ist ebenso wie die Rückenmuskulatur nur in einer langen Form richtig locker und arbeitsfähig. Genauso habe ich das anhand des grasenden Pferdes bereits beschrieben. Allein die Hanke und der intakt agierende Rücken verschaffen dem Hals die Aufrichtung und die deutlich freieren Bewegungen in der Vorhand.

Warum ist das so wichtig zu wissen? Na ja, Sie würden auch nicht bei einem heckangetriebenen Auto, dessen Hinterachse nicht funktioniert, am Lenkrad oder an der Vorderachse rumdoktern. Oder doch? Es hat keinen Sinn, sich allein mit Kopf und Halsposition, also mit der Vorhand, zu beschäftigen, wenn das Allerwichtigste zum Thema Gleichgewicht und Antrieb unbeachtet bleibt.

Entspannt das Pferd die Hals- und Rückenmuskulatur, fördert dies die Elastizität der Halsmuskulatur; das impliziert natürlich auch die restliche Muskulatur, insbesondere die des Rückens. Durch diese Art der Arbeit bekommen wir ein elastisch agierendes Pferd. Das Wertvolle daran ist, dass wir unser Pferd aufgrund dieser enorm ausgearbeiteten, losgelassenen Elastizität seines Körpers jederzeit leicht aufnehmen, schließen oder versammeln können. Wir können aber genauso gut auch gleich wieder den Rahmen erweitern und lang machen, sobald wir wollen, und das je nach Anforderung, ohne dass der Rhythmus der Bewegung dabei verloren geht. Die gut ausgebaute Losgelassenheit und die auch darin enthaltene Bedingung des Erhalts und der Förderung der muskulären Elastizität verschaffen uns diese Fähigkeit. Für uns Reiter ist es immer wieder eine besonders große Freude, ein solch lockeres Pferd unter dem Sattel spüren zu dürfen, wenn uns das gelingt.

Ein spezielles Training für die Bauchmuskulatur ist nicht vonnöten. Aber wieso kommt es vor, dass wir heutzutage Pferde vorfinden, die eine stärkere Ausbildung der Bauchmuskulatur im Vergleich zur Rückenmuskulatur haben? Das entspricht nicht gerade einer dynamischen, elastischen und somit natürlichen Muskulaturausprägung, die wir in einem Pferd antreffen, welches sich leichtfüßig bewegt. Im Übrigen stehen damit auch die

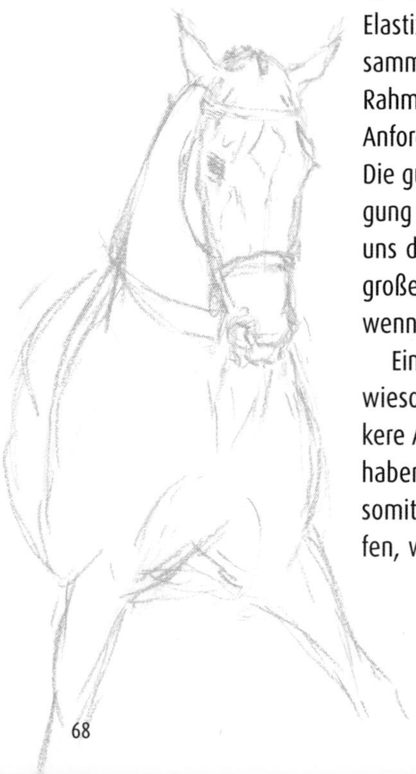

> Entspannt das Pferd die Hals- und Rückenmuskulatur, fördert dies die Elastizität der Halsmuskulatur.

einzelnen Rückenwirbel nicht mehr in der von der Natur vorgesehenen Lage zueinander, was nicht gesundheitsfördernd ist für das Pferd.

Wenn also Kopf und Hals durch die Reiterhand nach oben oder unten festgehalten werden und mit den Sporen die Hinterhand massiv nach vorn gestoßen wird, genau dann entwickelt das Pferd die sogenannte falsche Muskulatur und nimmt in der Folge davon erheblichen Schaden an Leib und Seele.

In der irrigen Annahme, dass ein Pferd nur dann versammelt und im Gleichgewicht ist, wenn Hinterbeine und Vorderbeine möglichst eng zusammengeschoben sind, sehen wir oft Pferde, die mit den Hinterfüßen über jene Linie treten, die wir uns vom vorderen Teil des Beckens als gedachtes Lot zum Boden vorstellen, um den Takt und Taktverschiebungen optisch zu erfassen. Bei diesem Szenario werden aber genau kein Gleichgewicht und keine Harmonie zwischen Pferd und Reiter hergestellt. Beide Schwerpunktlinien fallen so weit auseinander, dass sie nicht synchron verlaufen können. Eine vermehrte Verlegung des Gesamtgewichts auf die Hinterhand in gemeinsamer Balance findet nicht statt, denn diese Art der erwünschten Gewichtsverlagerung, die uns mehr und mehr in Richtung Versammlung führen sollte, ist so nicht möglich und heutzutage offenbar auch nicht erforderlich. Dieser erste große Schritt zur deutlich stärkeren Lastübernahme beider Körper auf die Hinterhand ist schwer, denn wir sehen, dass ein alleiniges Höhernehmen und/oder Einrunden des Halses um jeden Preis zur Gewichtsverschiebung auf die Hinterhand überhaupt nicht ausreicht – so wird genau das Gegenteil erreicht. Wenn wir uns das Skelett des Pferdes ansehen – insbesondere Rückenwirbelsäule und Vorhand-Hals-Kopf-Positionen –, dann können wir sehr schön erkennen, dass sich die Halswirbelsäule bereits nach vorwärts-aufwärts streckt, ohne dadurch die Schulter so anzuheben, dass die Rückenwirbelsäule ins horizontale Gleichgewicht gebracht werden kann. Man erhofft sich durch das enge

> *Die klassische Reitkunst hat sich zu keiner Zeit an ein Vergehen gegen Natur, Wissen und Kunst herangewagt.*

Zusammenziehen des Halses, bei dem die Pferde nicht selten ihre Nase auf die Brust gedrückt bekommen (Rollkur), einen erhöhten Gehorsam und das Brechen aller Widerstände im Pferd. Hierbei wird die beim Reiten so unerwünschte Unterhalsmuskulatur ausgebildet, die nun Widerstand gegen den Reiter leisten kann. Das so erwünschte Schönerwerden des Pferdes durch die Ausbildung eines muskulär starken Oberhalses dagegen verkommt in seiner Ausprägung. Den Rollkurreitern ist wohl gar nicht bewusst, wo sich die Quelle der Widerstandskräfte befindet, in der Hinterhand nämlich. Und der Reiter versucht nun tatsächlich, den Widerstand, der aus Hanke oder dem Rücken kommt, in der Vorhand zu lösen? Erschwerend zur Lösung dieses Problems kommt noch hinzu, dass körperliche Zusammenhänge des Pferdes in Bezug auf das fachgerechte Reiten nicht mehr bekannt sind. Inzwischen ist die falsch, nämlich künstlich und hauptsächlich durch die Handeinwirkung des Reiters rund geformte Oberlinie des Pferdes zum guten Ton geworden. Dadurch ist ein durchgängiger Wirkungspunkt von Trensen- oder Kandarengebiss, das seine Reflexwirkung auf die Lade hat und über den langen Hals und Rücken bis zur Hinterhand wirken sollte, nicht mehr möglich.

An dieser Stelle möchte ich gern auf mein Buch (*Mit dem Pferd*, S. 46 ff.) verweisen, in dem die Reflexzonen des Pferdes beschrieben werden, die durch den reiterlichen Sitz und dessen richtige Einwirkung zu Wirkungspunkten werden. Diese beeinflussen im klassischen Reitsystem das ganze Pferd von der Hinterhand zur Vorhand sowie umgekehrt. Wenn wir dies nicht erreichen, weil wir es als Reiter nie erfahren haben, so können wir die Wirkungspunkte nicht im System nutzen oder gar damit arbeiten.

Um es in klaren Worten auszudrücken: Verlieren wir diese Wirkungspunkte, dann ist die Durchlässigkeit im Eimer.

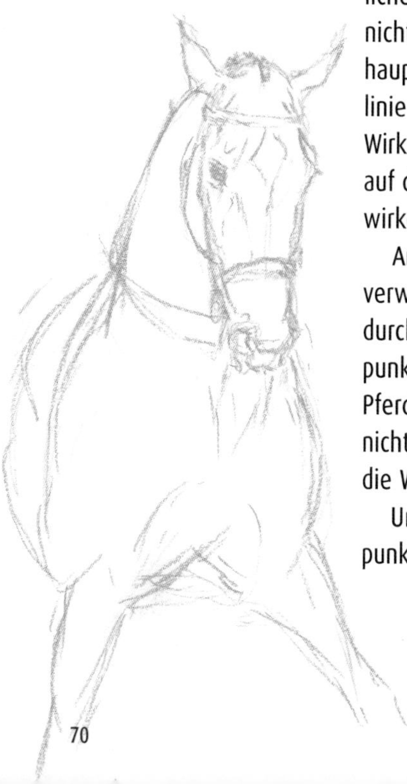

Ich möchte in diesem Zusammenhang kurz die negativen Eigenschaften des heute vielfach genutzten Schlaufzügels beschreiben. Diese am Sattelgurt befestigten langen Zügel werden durch den jeweils gleichseitigen Trensenring geführt und kommen zusätzlich zu den eigentlichen Zügeln in die Hände des Reiters. Ursprünglich diente der Schlaufzügel dazu, in Ausnahmefällen, wie bei völlig verrittenen Pferden, die inzwischen ein gewisses Maß an reiterlich richtiger Arbeit erfahren haben, vorsichtig die Kopf-Hals-Haltung mit einzurichten, ohne dass das Trensengebiss seinen Wirkungspunkt verliert. So wie er aber heutzutage eingesetzt wird, stellen sich einem tatsächlich die Haare zu Berge! Er dient fast ausschließlich noch zum rüden Rund- und Engziehen des Pferdehalses und zum Entkräften des Tiers. Hier ist die Grenze jedes guten Reitens bereits deutlich überschritten. Ich habe sogar Reiter und Reiterinnen gesehen, die den Schlaufzügel durch die Unterlegtrense der Kandarenzäumung gezogen haben, weil sie die absolute Unterwürfigkeit des Pferdes um jeden Preis erreichen wollen. Die Zerstörung der Seele sowie der natürlichen Körper- und Bewegungsstruktur dieser Tiere steht hier als Methode im Mittelpunkt. Mangels Wissens und Empathie wird die Bedeutung von Wirkungspunkt und langem Hals ignoriert. Auch wenn genau diese Reiter sich argumentativ darauf zurückziehen mögen, dass sie auf Turnieren sehr erfolgreich sind, so heiligen solche Erfolge – die für mich seit Jahrzehnten keine mehr sind – nicht die zerstörerischen Mittel, über die ihr ziemlich zweifelhafter Ruhm hergestellt wurde. Spätestens hier muss der Tierschutz eingreifen, wenn schon die Offiziellen ihre Verantwortung dem Pferd gegenüber bewusst nicht wahrnehmen wollen. Das Nichthinsehen von Verantwortlichen wird in den Compliance-Richtlinien in der Wirtschaft und des öffentlichen Lebens übrigens als eine „bewusste Handlung“ angeprangert und schützt deshalb vor Strafe nicht.

Sollte so tatsächlich „Gehorsam“ erzielt werden, dann muss ich mich aber doch fragen lassen, was denn ein solch zermürbendes und ermüdendes Reitsystem bringen soll, bei dem das Pferd keine Kräfte mehr aufbringen kann, um seinen Dienst zu erfüllen. Ich frage mich als Reiter, wie man ernsthaft davon ausgehen kann, durch das Ignorieren und Unterdrücken von natürlichen Gegebenheiten, allein durch die gewaltsame Verformung des Halses und des Rückens einen beugenden Einfluss auf die Hinterhand zu haben, ohne die Gleichgewichtszustände des Pferdes miteinzubeziehen.

Die klassische Reitkunst hat sich zu keiner Zeit an ein Vergehen gegen Natur, Wissen und Kunst herangewagt.

Diese Sache, wie Egon von Neindorff es nannte, ist ein in sich geschlossenes System – kein Glied ist hier herausnehmbar, ohne es um seinen Wert zu bringen. Die Harmonisierung der Bewegungen von Pferd und Reiter muss durch das Übereinanderlegen der beiden Schwerpunktlinien von Anfang an erfolgen. Durch jahrelanges, mühevolles, aber korrektes Training bekommen wir ein elastisch agierendes Pferd, das das Unterschieben und Biegen der Hinterhand über die richtige Ausbildung und Kräftigung der benötigten Muskeln dynamisch, und damit meine ich voller Energie, gelernt hat. Zentraler Punkt, um dies zu erreichen, ist immer wieder ein gut ausgebildeter, locker agierender Pferderücken, der alle dazu notwendigen Funktionalitäten beherrscht. Genau aus diesen Gründen gehört ihm unsere ganze Aufmerksamkeit.

Das richtige Vorwärts in der Balance

Eine wichtige Voraussetzung für das Vorwärts ist, dass wir den Rücken des Pferdes in seiner natürlichen, geraden und langen Form belassen. Das funktioniert nur, wenn wir auch den Hals lang lassen und nicht einfach plump einrunden oder verkürzen. Die Funktionalität der Halsmuskulatur, die durch das elastische Bewegungsmuster eines guten Trainings hervorgebracht wird, bringt beim richtigen Aufrichten des Halses die letzten drei bis vier am Rumpf befindlichen Halswirbel in eine senkrechte und somit stabile und belastbare Position zueinander. Durch die darum herum gut gymnastizierte Muskulatur bilden wir diesen zuverlässigen Diener der Balance aus, nämlich den festgestellten Hals, der die Voraussetzung des Gleichgewichts für den ganzen Pferdekörper darstellt.

Das erst ermöglicht die sinnvolle Gewichtsverlagerung über den Rücken auf die Hinterhand. Schon Ludwig Hünersdorf sprach vom Feststellen des Pferdehalses. Voraussetzung dafür ist der taktsichere Trab. Hals und Rücken bedingen sich direkt in ihren Funktionalitäten. Wenn sich nun ein Pferderücken aufgewölbt zeigt, so drückt dieses verspannte Pferd dem Reiter den Buckel entgegen, und deshalb gehört dieser sofort wieder in seinen ursprünglichen, natürlichen und geraden Zustand zurückversetzt, um die Losgelassenheit wiederherzustellen. Zeigt sich der Rücken durchhängend, so sollte er aufgerichtet werden, bis er gerade ist. Und ein gerade gerichteter Rücken

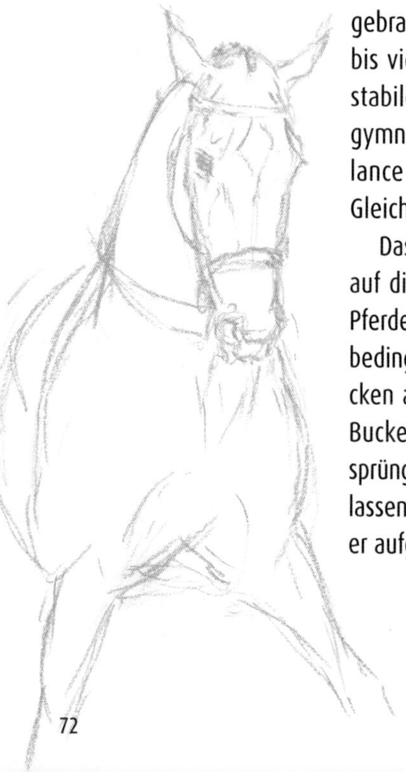

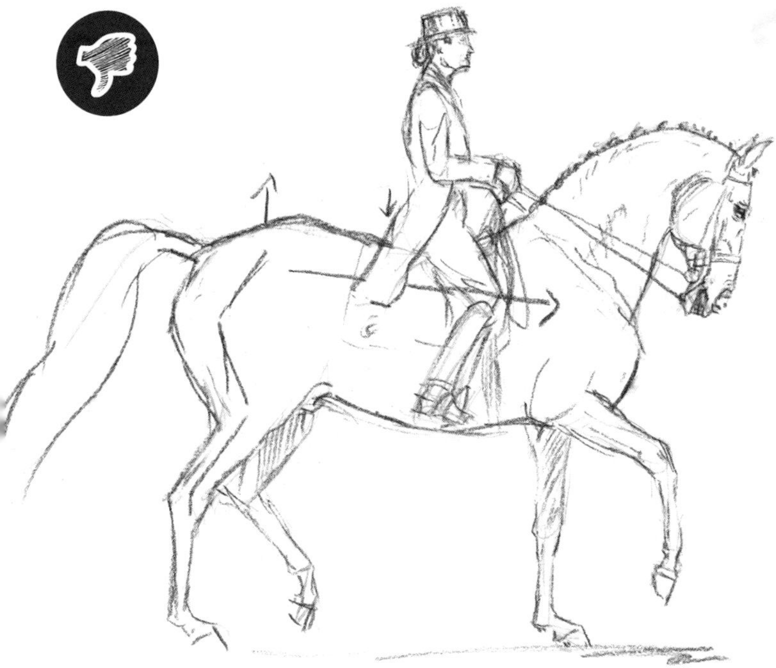

Piaffe als Zerrbild – die Rückenwirbelsäule geht vorn abwärts, die Kruppe ist hoch, die Hankengelenke sind ihrer Beugung beraubt. Der offene Winkel der Hanke ist nicht zu übersehen, ebenso wenig wie die Disbalance. Der Reiter versucht, die Vor- und Hinterhand des Pferdes durch kräftigen Sporeneinsatz enger zusammenzubringen. Das Resultat: Das Pferd zieht übermäßig in die Hand und lässt den Rücken durchhängen. Es sucht seine ausgleichende Stütze auf der Hand des Reiters. Von feinem Reiten keine Spur. Der Pfeil, der die Gleichgewichtssituation der Rückenwirbelsäule unterstreichen soll, zeigt die Abwärtsrichtung und Lastaufnahme der Vorhand an. Eine solche falsch ausgeführte Piaffe sehen wir häufig und wird heute sogar auf Turnieren als gut bewertet.

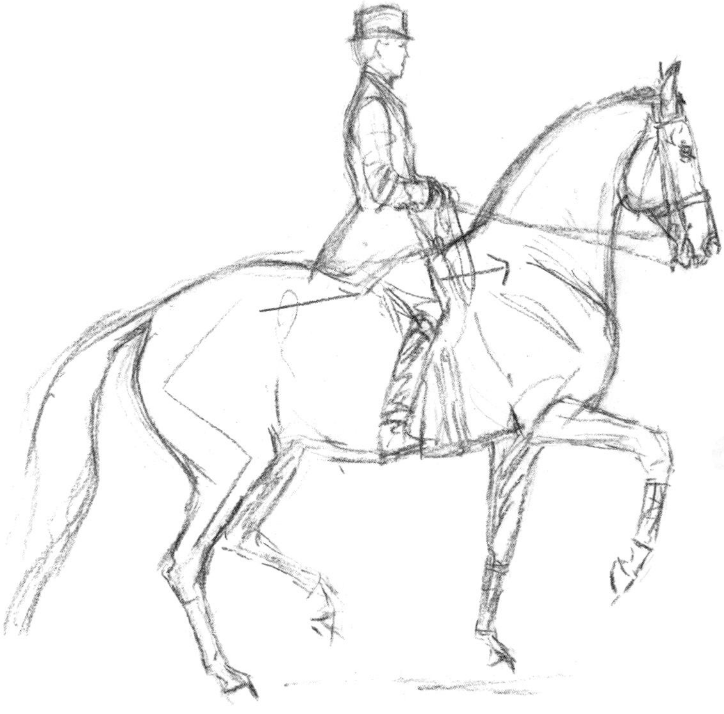

Hanke und Rücken erzeugen vorbildlich die gute Balance, das Pferd trägt sich selbst, im Takt. Durch die richtige Beugung der Hankengelenke kommt die Vorhand über die Aktion des schwingenden Rückens höher. Es geht „bergauf“. Hier zeigt der Pfeil das Erheben der Vorhand an.

Beide Bilder sind allein durch den Geist und Sitz des jeweiligen Reiters verursacht.

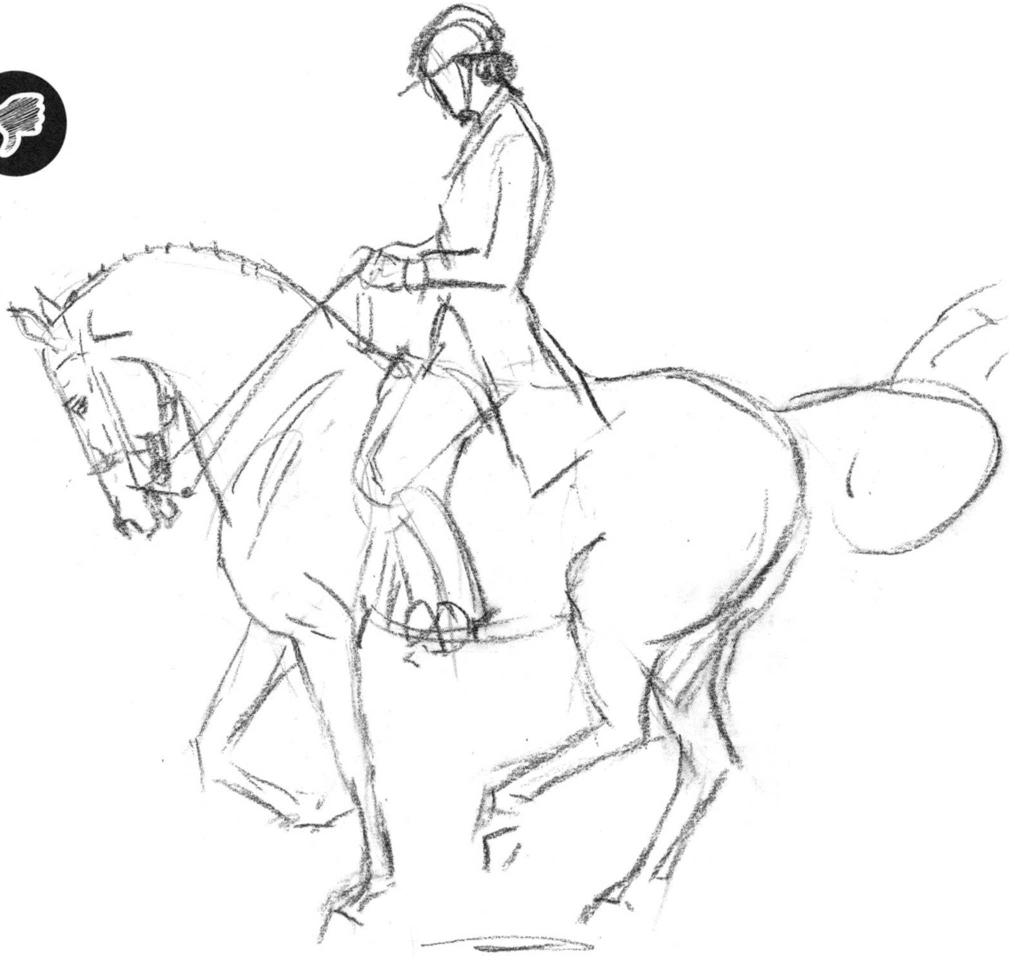

Auf ein offenes Wort: Die uneinsichtige Grobheit dieser dümmlichen Art, Pferde zu misshandeln und aus jedweder Balance zu werfen, liefert solche verkrampften, falschen und hässlichen Bilder. Hier werden gewaltsam Hinterhand und Vorhand zusammengeschraubt, der Sporn traktiert das Pferd so, dass es seine Bauchmuskulatur nutzt, um den Rücken wie einen Katzenbuckel krampfhaft aufzuwölben. Dem Reiter ist es gleichgültig, ob er dabei deutlich hinter den Bewegungen des Pferdes sitzt oder nicht. Auch ist ihm egal, ob der zusammengezogene Hals für Balance sorgen kann oder nicht. Das Pferd aber kann diesen Zustand nicht aushalten und zeigt das deutlich durch seinen Gesichtsausdruck und durch Schweifschlagen an. Auch ein zuckendes Hochnehmen der Beine bringt keinerlei Hankenbeugung und Lastübernahme auf die Hinterhand. Diese Art, eine Piaffe zu präsentieren, bezeichne ich schlichtweg als Tierquälerei, für die einzig und allein der Reiter verantwortlich ist, ganz egal, ob Trainer oder Richter das befürworten. Hier muss Verantwortung übernommen werden! Und Unwissenheit schützt vor Strafe nicht. Solche brutalen Bilder, die wir tagtäglich auf öffentlichen Plätzen zu sehen bekommen, müssen dem Pferd zuliebe sofort abgestellt werden.
Aus Sicht des Tierschutzes sind rechtliche Konsequenzen angebracht.

muss trainiert und gestärkt werden, damit er die Leistung bringen kann, die zur späteren Versammlung des Pferdes dringend erforderlich ist. Zuerst legen wir deshalb in der logischen Konsequenz gesteigertes Augenmerk auf die Geraderichtung der Hinterhandgelenke und das lockere Gehen, im Sinne einer perfekten Losgelassenheit. Diese Eigenschaften bringen dann eine kraftvolle und schwungvolle Fortbewegung aus der Hinterhand des Pferdes hervor.

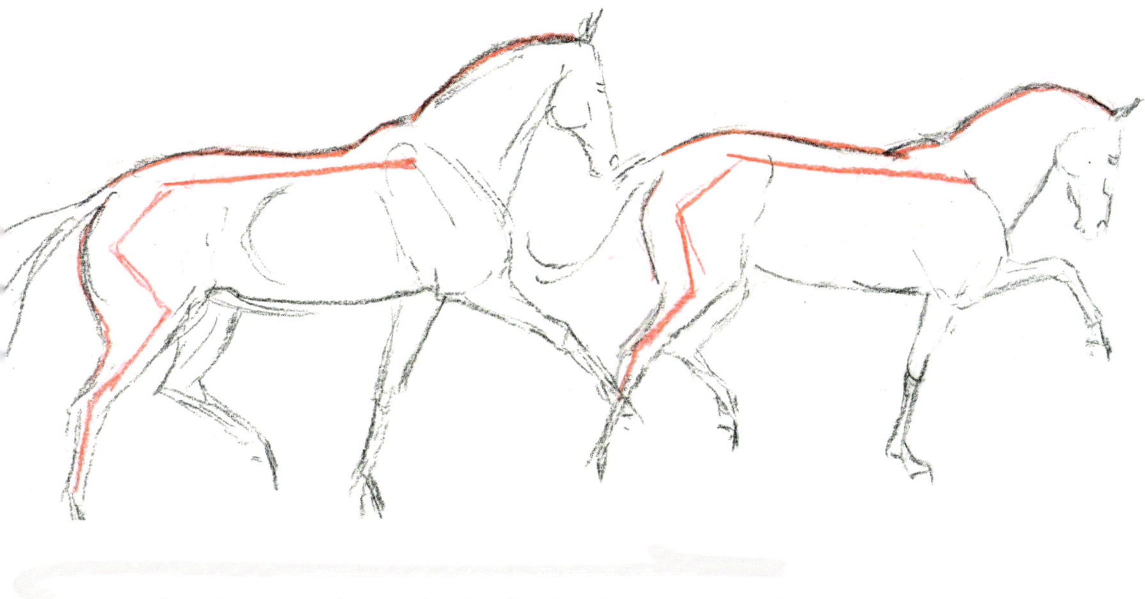

Hier sind in Rot die Lagen von Rücken und Hanken eingezeichnet. Besonderes Augenmerk legen wir auf die Winkelung der Hanke als Auslöser jeder guten Balance. Das linke Pferd geht locker, und durch die richtige Aktion der Hinterhand, insbesondere die Beugung der Hankengelenke, und die richtige Aktion des Rückens ergeben sich die relative Aufrichtung sowie die freiwillige Hergabe seines Genicks. Der Energiefluss beim linken Pferd verläuft auch vorwärts-aufwärts, von der Hinterhand kommend über den Rücken bis zum höchsten Punkt des Pferdes, nämlich ins Genick.

Das rechte Pferd geht dagegen, in Bezug auf seine Rückenwirbelsäule, verstärkt vorwärts-abwärts und ist damit komplett außerhalb seines natürlichen Gleichgewichts. Die Hanken zeigen sich offen und damit ungebeugt, so können sie nicht richtig arbeiten. Das Pferd braucht deutlich mehr Kraft, um seine Leistung zu erbringen, da die Energie über die Vorhand in den Boden geht. Es sucht das fünfte Bein in der ziehenden Hand des Reiters. Es kann nun die Vorderbeine so hoch und weit ausstrecken, wie es will, es geht weiterhin hoffnungslos auf der Schulter.

Die relative Aufrichtung soll nur in direkter Abhängigkeit vom Rücken erfolgen, denn sie ist die sinnvollste Form von Kopf und Hals zur Übertragung des Gewichts nach dem Reiterwillen von der Vorhand auf die Hinterhand.

Balance und relative Aufrichtung

Die relative Aufrichtung soll nur in direkter Abhängigkeit vom Rücken erfolgen, denn sie ist die sinnvollste Form von Kopf und Hals zur Übertragung des Gewichts nach dem Reiterwillen von der Vorhand auf die Hinterhand. Gleichzeitig ermöglicht uns dies, als Reiter auf die Gehweise des Pferdes richtig, ohne große Kraftanstrengung, einzuwirken. Die richtige Relation der Aufrichtung wird durch die Arbeitsleistungen von Rücken und Hanke bestimmt. Je mehr das Pferd schon dahingehend gearbeitet ist, dass es durch das elastische Auf- und Abspannen seiner gesamten Muskulatur die Hinterhand zur vermehrten Lastübernahme bringt, desto höher wird in der Folge die Aufrichtung von Hals und Kopf sein. Diese steht in direktem Zusammenhang mit der Befähigung des Pferdes, seine Hanken zu beugen. In dieser Relation bringt der intakt agierende Rücken dann zusätzlich die gesamte Vorhand in die gewünschte Aufwärtsposition.

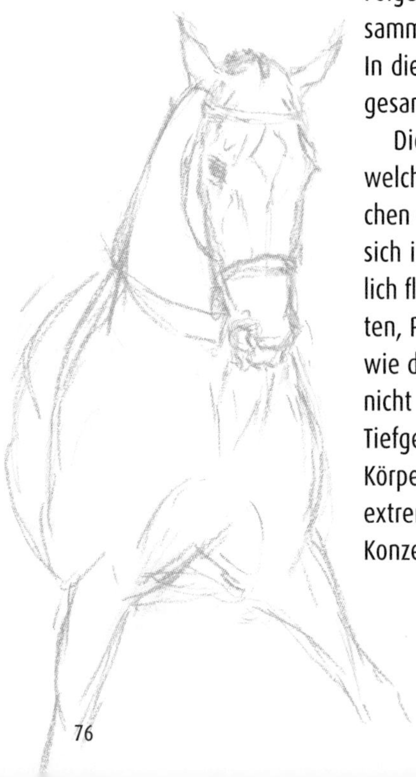

Diese sogenannte relative Aufrichtung hängt damit direkt davon ab, welches Gleichgewicht das Pferd schon imstande ist zu leisten. Im natürlichen Gleichgewicht, bei dem die Rückenwirbelsäule gerade gestellt ist und sich in der Waagrechten befindet, ist die Aufrichtung der Vorhand natürlich flacher als in hoher Versammlung, wie zum Beispiel in Galopppirouetten, Piaffe und Passage. Hier sind Kopf und Hals sehr weit oben, genauso wie die Hinterhand dann weit unten ist. Die Lastübernahme zeichnet sich nicht durch sehr weit vorgeschobene Hinterbeine aus, sondern durch das Tiefgesetztsein der Hanken, das taktsichere, ruhige Ausbalancieren beider Körper und die Dynamik in den Bewegungen. Alles, was in einem solchen extrem sensiblen Augenblick des Gleichgewichtszustands durch höchste Konzentration erreicht worden ist, darf nicht gestört werden. In meinem

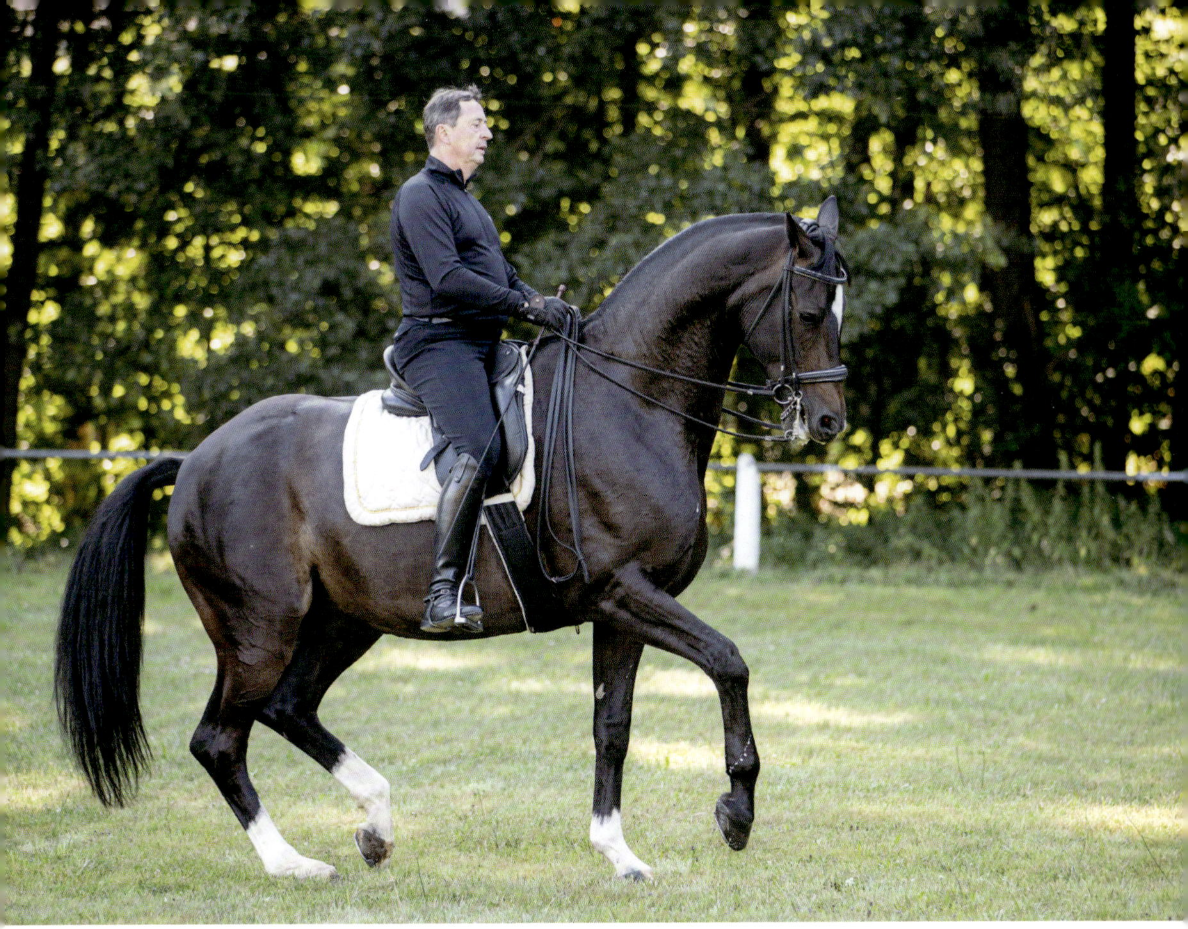

Piaffe: Das Tiefgesetztsein in der Hinterhand erreichen wir über jahrelanges Training mit unserem Pferd nur, wenn wir uns an der klassischen Reitkunst mit ihren Ausbildungsetappen orientieren. Dabei ist es ganz gleich, welchen Typ von Pferd – Warmblüter, Iberer, Friesen, Knabstrupper, Lipizzaner, Kladruber, Vollblüter, Haflinger, Araber, Isländer, Deutsches Reitpony und alle weiteren – wir uns ausgesucht haben. Es gilt für alle.

Buch *Mit dem Pferd* bezeichne ich diese Situationen für Reiter und Pferd als eine Aktion „auf des Messers Schneide“. So etwas Filigranes kann sich nur entwickeln, wenn der Reiter das Herz am richtigen Fleck hat, sein Pferd ihm deshalb willig folgt und ihn somit nicht im Stich lässt. Dazu braucht der Reiter höchste Fertigkeit im Sattel und gute Nerven. Gute Nerven zu haben, bedeutet, auch Fehlerhaftes oder Halbrichtiges einmal mutig zulassen zu können. Der Mut bringt uns in diese schwierige Lage, aber der Nerv holt uns hier wieder heraus. Besonnenheit wird nicht zu Unrecht die bessere Hälfte der Herzlichkeit genannt. Nerv und Besonnenheit sind sozusagen liebende Geschwister, die durch unser Reiterleben gehen.

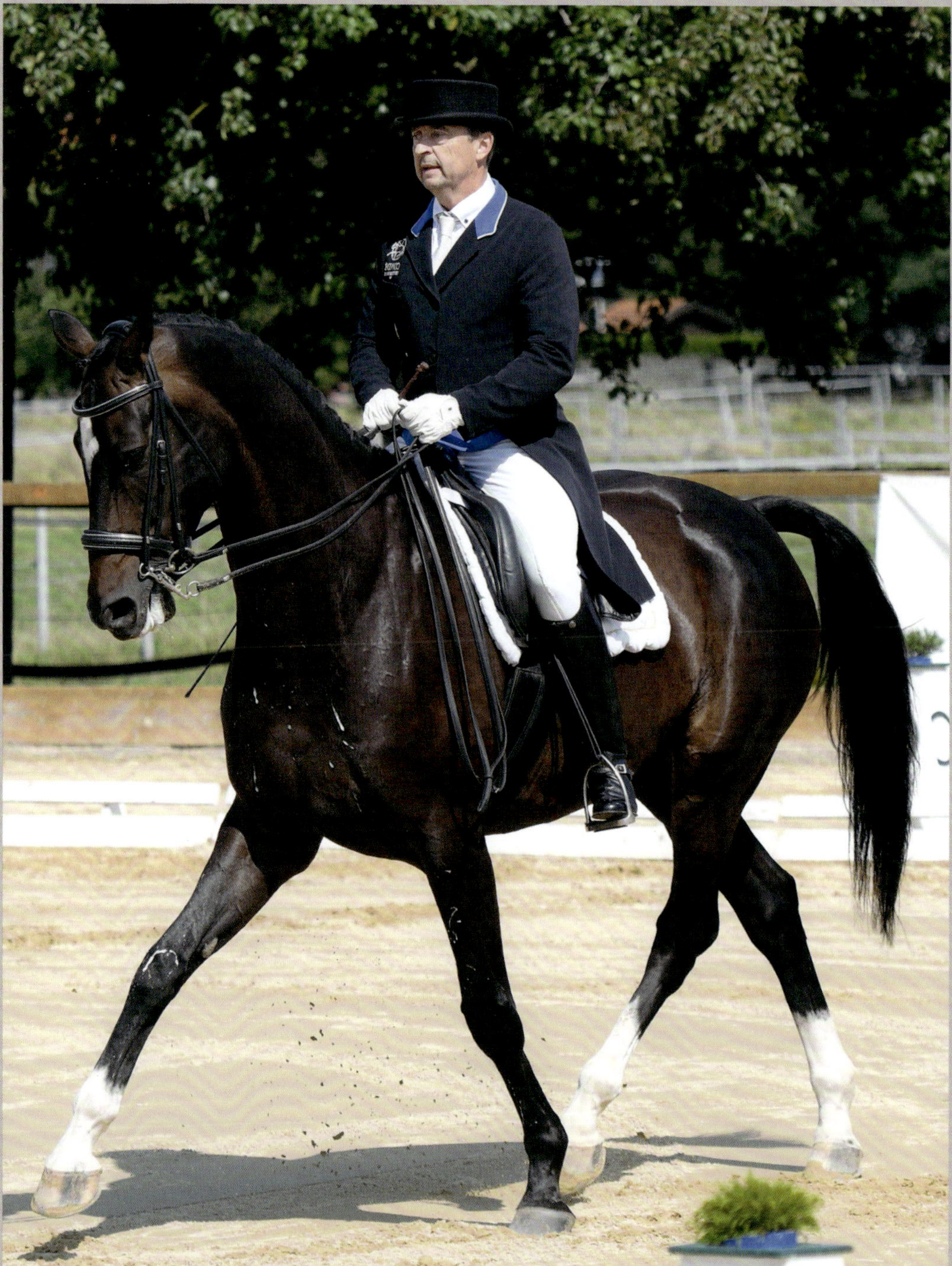

Reitkunst sensibel

Kapitel 4

Das vertikale Gleichgewicht

Die vertikale Balance, also die seitliche Biegsamkeit des Pferdes, beeinflusst das horizontale Gleichgewicht im selben Maße wie die mentale Balance und der Balancesitz. Auch die spätere intensivere Bearbeitung der Schiefe des Pferdes setzt Kenntnisse über die vertikale Balance voraus. Denn gehen wir hier in unseren Anforderungen über das Maß hinaus, welches durch die Grenzen des körperlichen Gleichgewichts und des Alters des Vierbeiners gesteckt wird, werfen wir das Pferd aus seiner Balance und damit aus der Losgelassenheit. Das Training der Geraderichtung der Hinterhandgelenke durch seitliche Biegungen aller Art findet seine volle Berechtigung, sofern sie richtig und im Gleichgewicht ausgeführt wird. Aber jeder zu frühe Beginn mit dieser Arbeit schadet dem Pferd.

Zuerst müssen wir den Hals und den Kopf in eine ruhige Position bringen, indem unsere verhaltende Hilfe durch das Trensengebiss im Pferdemaul tatsächlich einen Wirkungspunkt erzielt, dem sich das Pferd durch die Veränderung seiner Kopfhaltung (gegen das Gebiss stoßen, hinter die Senkrechte kommen, den Kopf hochreißen, sich auf die Hand legen) nicht entziehen kann, wodurch es sein Gleichgewicht vermehrt auf der Hinterhand finden kann. Darin muss es ungestört bleiben, was für den ausbalancierten Reitsitz eine größere Herausforderung sein kann. Perfekt wird der Wirkungspunkt, also die Anlehnung, erst, wenn die Feststellung des Halses erreicht ist. Wir bekommen dann ein herrlich zu reitendes Pferd, das sich in allen Gangarten gleichmäßig in seinen Bewegungen zeigt, wenn wir es nur nicht stören. Es beherrscht damit erst einmal die Campagneschule. In jedem Fall müssen wir Empathie für die Schwächen unseres Pferdes aufbringen, bis es nach und nach dahin kommt, unseren Wünschen entsprechend mehr leisten zu können. Hierdurch erreichen wir am ehesten das frühe Stadium des sogenannten Sekundengehorsams unseres Vierbeiners.

Zum Ausbau der Balance (vertikal sowie horizontal) gehört das Geraderichten der Schiefe des Pferdes. Gut gerade gerichtet ist das Pferd erst, wenn Vor- und Hinterhand auf eine gemeinsame Hufschlaglinie eingerichtet sind. Letztlich bedeutet das, dass das Pferd auf beiden Körperseiten gleich wendig, beweglich, aktiv und gleich durchlässig ist. Unser Pferd lässt die Hilfen nach allen Richtungen durch seinen Körper durch, und das ohne jede Verzögerung. Das klappt jedoch nur genau so lange, wie die

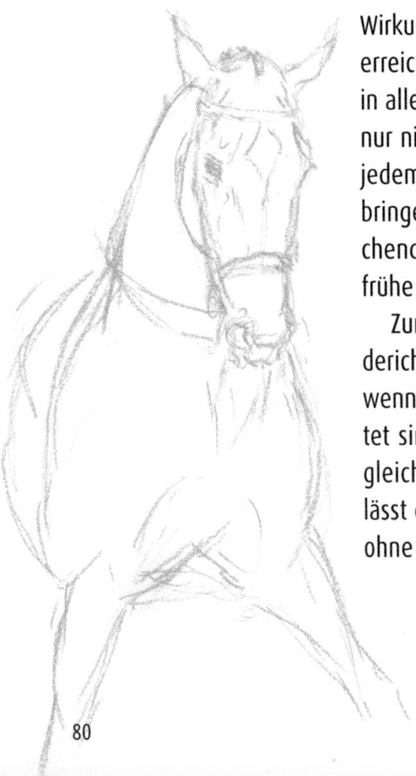

> Der Raumgriff der Hinterhand ist durch die Erfordernisse der Balance im Vorwärts-aufwärts und der extremen Erhabenheit der Tritte deutlich kürzer als im Arbeitstrab.

Durchlässigkeit gegeben ist. Stören wir das Pferd im Gleichgewicht, ist als Folge dessen die Losgelassenheit nicht mehr gegeben. Die Durchlässigkeit entsteht, wenn der Schwung zur Losgelassenheit hinzukommt. Ist einer der beiden Faktoren nicht mehr gegeben, so gibt es auch keine echte Durchlässigkeit mehr. Genau aus diesen Zusammenhängen heraus ist es von sehr großer Bedeutung, das Verständnis für die vertikale Balance aufzubringen.

Genick, Maul und Längsbiegung

Das Genick liegt zwischen Hinterhauptbein und dem ersten Halswirbel, genannt C1. Das dort liegende Gelenk ist ein Elipsoidgelenk (Eigelenk) und kann sich je nach Aufrichtung des Halses maximal drei Prozent seitlich abstellen. Das ist sehr wenig seitliche Abstellungsmöglichkeit. Früher erklärte man die richtige Abstellung deshalb mit dem Hinweis, dass der Reiter bei korrekter Ausführung lediglich „das innere Auge schimmern sieht"! Je weiter der Hals in Richtung Boden gestreckt ist, desto mehr seitlichen Spielraum bekommt dieses Eigelenk, welches in der englischen Sprache auch als „yes joint" (Ja-Gelenk) bezeichnet wird, was seine Bewegungsmöglichkeit treffend beschreibt. Die Funktion des Genicks ist hauptsächlich im „Auf und Ab" zu sehen und weniger in extremer seitlicher Stellung. Dabei spielt die Situation des Halses, ob dieser höher oder weiter unten getragen wird, eine ganz entscheidende Rolle.

Überziehen wir diese natürliche anatomische Vorgabe, dann verlassen wir den vertikalen Gleichgewichtszustand des Pferdes und verlieren in der unmittelbaren Folge Takt, Rhythmus und gleichmäßiges Tempo des Gangs. Daraus lässt sich dann leicht ableiten, wie empfindlich das richtige Handhaben der Gesamtbalance für den Reiter ist und welchen direkten Einfluss sie auf die Losgelassenheit des Pferdes ausübt. Wenn nun die relative Aufrichtung vermehrt eingefordert wird, Hals und Kopf also höher kommen, die nur in direktem Zusammenhang zur tiefer gesetzten Hinterhand stehen können, desto geringer lässt sich das Genick seitlich stellen. Darin integriert sich das Zusammenspiel der Hilfen – treiben, aufnehmen, leichter werden –, bis das Pferd mit der Hinterhand genug untertritt, das Genick entspannt und auf dem Gebiss kaut. Es ist notwendig und natürlich, dass unser Pferd sein Maul bewegt. Das sollte auch sichtbar werden! Denn nur so kommt es durch den leisen, beweglichen Druck auf die Ohrspeicheldrüsen zum sogenannten Kauen auf dem Gebiss. Es ist deutliches Zeichen von Wohlbehagen und von Losgelassenheit unseres Pferdes.

Im Gegensatz dazu sehen wir unzählige Pferde mit komplett und gewaltsam zugeschnürtem Maul, bei denen der Nasenriemen viel zu hoch verschnallt ist, und viele meinen dann auch noch, dieses tote Maul wäre der Idealzustand. Dass wir dann keinen Finger mehr ringsum unter dem englischen Nasenriemen durchziehen können, wie es noch E. F. Seidler fordert, versteht sich von allein. Es verhält sich eher so, dass die Pferde genau an diesen Stellen und ringsum gefühllos werden und damit das Maul außer Funktion gesetzt wird.

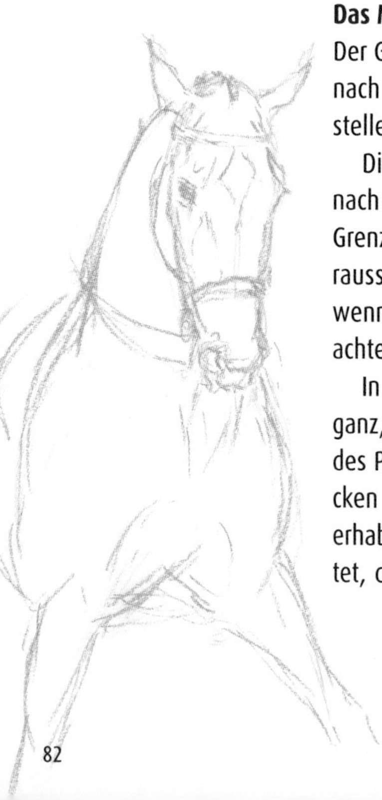

Das Maximum der Längsbiegung

Der Grad der seitlichen Abbiegung des gesamten Pferdekörpers richtet sich nach seinem am wenigsten biegefähigen Glied aus, und diese Schwachstelle ist das Genick.

Die monoton von selbst ernannten Fachleuten wiederholte Forderung nach „mehr Längsbiegung" ignoriert diese von der Natur vorgegebenen Grenzen. Das Trainieren einer ehrlichen Balance, der unverzichtbaren Voraussetzung einer korrekten Versammlung, wird ad absurdum geführt, wenn die genauen anatomischen Gegebenheiten auf diese Weise missachtet werden.

In einer tief gesetzten, feurigen Passage zum Beispiel – die wir nur noch ganz, ganz selten zu sehen bekommen – lässt sich die Richtungsänderung des Pferdes allein über seine Hinterhand bewerkstelligen. Hanke und Rücken erbringen hier Höchstleistung, um die Bewegungen aus der Vorhand erhabener werden zu lassen. Die Balance ist dann so extrem ausgearbeitet, dass in dieser Situation die Rückenwirbelsäule hinten deutlich tiefer

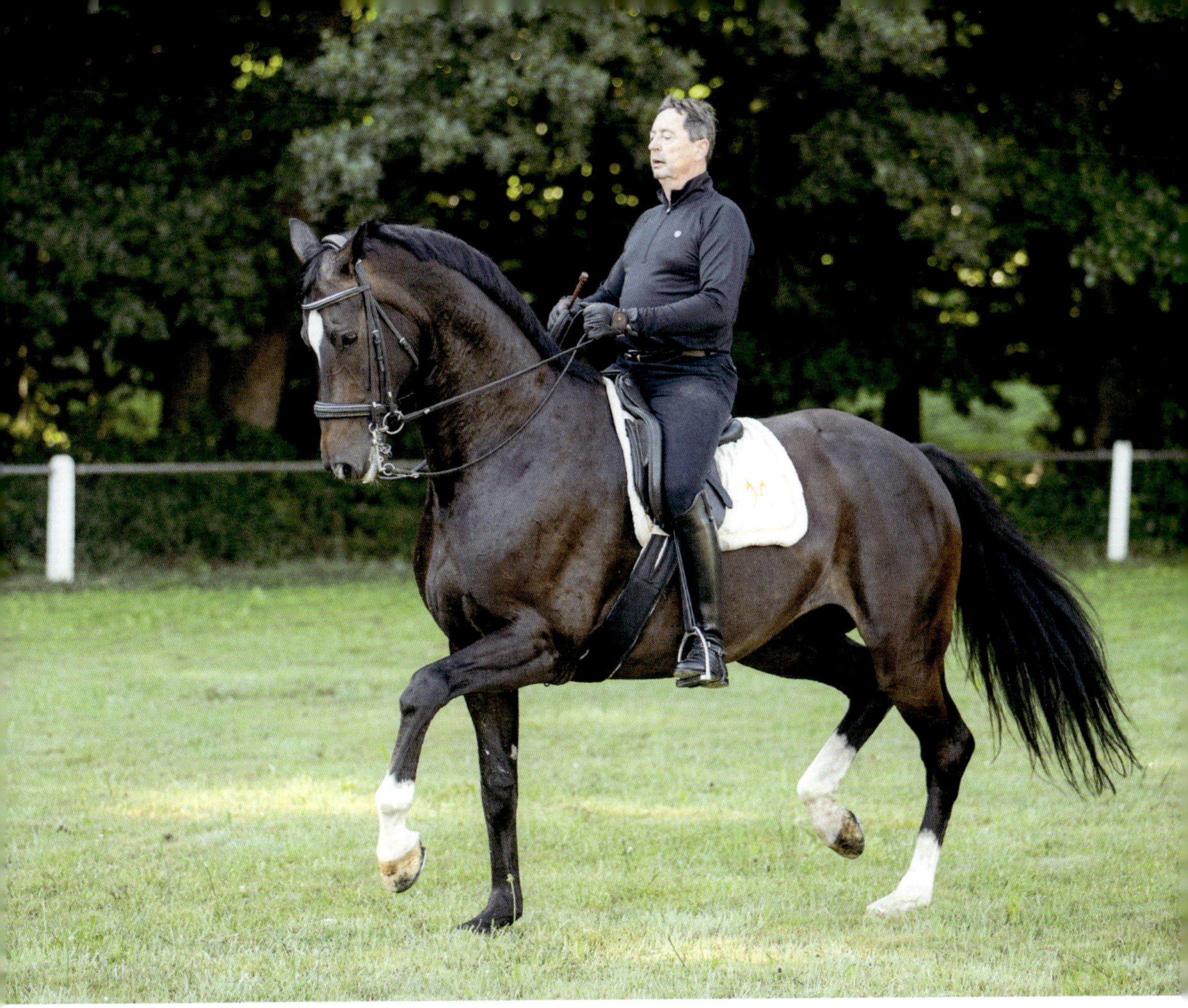

Maximum: Das Tiefgesetztsein in den Hanken ermöglicht den Sprunggelenken erst die Erfüllung ihrer Aufgabe, nämlich wie Sprungfedern zu agieren, die vorher zusammengedrückt wurden, und die dadurch entstandene Energie in schwungvolle, dynamische Vorwärts-aufwärts-Bewegungen des Pferdes in der Passage zu verwandeln. Je gesteigerter die horizontale Balance gezeigt wird, das heißt, je deutlicher die Last auf die Hinterhand übertragen wird, desto weniger können wir Längsbiegung einfordern.

liegt als vorn. Die Pferde nutzen ihre voll ausgebildete Hinterhand, die nun maßgeblich beide Körper vor sich herträgt. Der Raumgriff der Hinterhand ist durch die Erfordernisse der Balance im Vorwärts-aufwärts und der extremen Erhabenheit der Tritte deutlich kürzer als im Arbeitstrab. Der Hinterfuß sollte nicht weiter vortreten, als es die vom Becken aus lotrecht zum Boden gehende Linie vorgibt. Die Vorhand kommt dabei so viel höher, dass der jeweilige Vorderfuß an seinem höchsten Punkt auch noch zusätzlich für einen kurzen Moment in der Luft ausharren kann, bevor die Bewegung

> „Biegung und Stellung, die auf beiden Händen gelingen sollten, gehören zu den Voraussetzungen des Geradeseins und dienen der weiteren Absenkung der Rückenwirbelsäule in der Nachhand.

nach vorn fortgesetzt wird. Jedes Bewegen des Reiters außerhalb der jetzt so filigranen Bewegungsharmonie oder das seitliche Stellen des Genicks zu der einen oder anderen Seite hätten fatale Folgen für das in dieser Situation so diffizile Gleichgewicht des Pferdes. Darüber hinaus lässt sich das Genick in dieser hohen Aufrichtung rein mechanisch nicht mehr seitlich bewegen. In der Fachsprache nennen wir diese Situation zwischen dem Atlas und Hinterhauptbein das „Einrasten" des Scharniergelenks.

Daraus erklärt sich, dass das Einüben einer klassisch geprägten Passage über Cavaletti, die meistens halbhoch eingestellt sind, sinnlos ist – trotzdem sieht man diese Vorgehensweise nicht selten. Das Pferd kann sich so in der Hinterhand nicht absenken. Der Hinterhuf sollte per definitionem in einer guten Passage nicht höher kommen, als der Fesselkopf des Vorderbeins und der Vorderhuf auf Höhe der Vorderröhre erhoben werden. Das bedeutet, dass die Hinterhandaktionen tiefer liegen als die der Vorhand. Bei Nutzung von Cavaletti hebt das Pferd die Beine seiner Vor- und Hinterhand zwangsläufig gleich hoch. Das Resultat einer solchen Übung ist eine Passage mit hoch angezogenen Beinen, bei der das Pferd zu viel Bodengewinn erzielt und sich in der Hinterhand nicht absenken kann. Die Tiere zeigen sich als Ergebnis einer solchen Ausbildungsmethode in ihrer Bewegung hahnentrittartig und nicht dynamisch-geschmeidig. Gleichzeitig sucht das Pferd sein „fünftes Bein" auf der Hand des Reiters. In dieser körperlichen Schieflage kann sich das Pferd nur noch nach vorn retten, um die nicht existierende Balance auszugleichen.

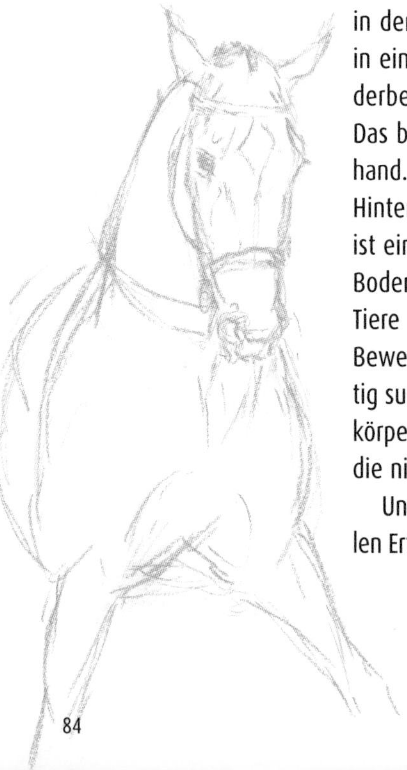

Und weil die klassische Ausbildung heute für die Reiter, die den schnellen Erfolg suchen, zu schwierig geworden ist, sehen wir entweder Passagen,

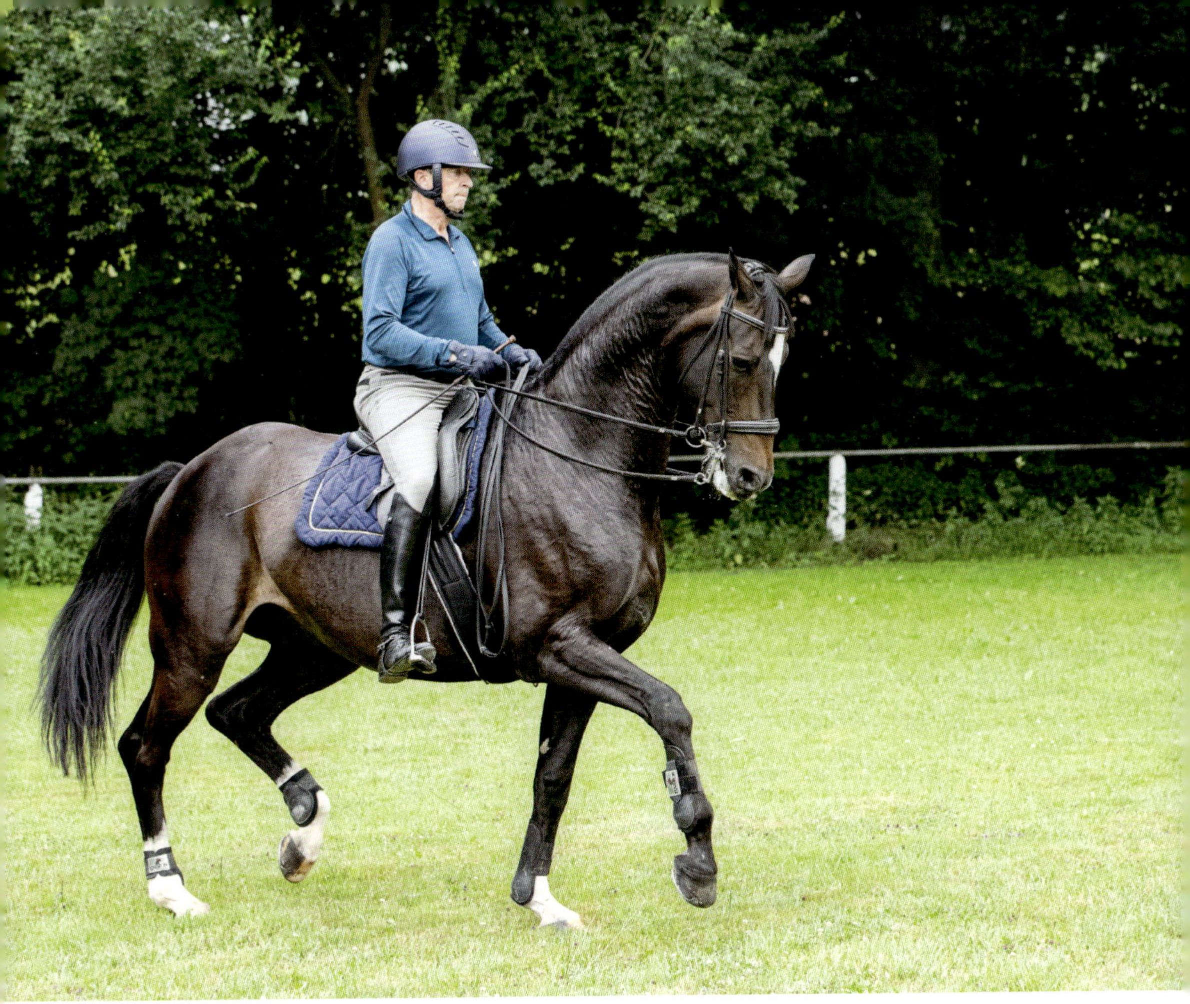

Passage und Balancezustand in der Wendung. Das Pferd steht bei sehr hoher Aufrichtung sicher auf dem diagonalen Beinpaar, ermöglicht durch die enorme Leistungsfähigkeit von Hanke und Rücken. Die in dieser Haltung anatomisch vorgegebene Stellungsmöglichkeit im Genick bestimmt die gesamte Längsbiegung des Pferdes. Das Wenden wird für die Hilfengebung des Reiters zur Herausforderung, weil das Pferd nur noch über die Hinterhand zu drehen ist. Ein seitliches Abstellen im Genick durch die Hand ist ohne Balanceverlust nicht mehr möglich.

die fälschlicherweise im Schwebetrab vorgeführt werden, oder Pferde, die in der Vorhand so bearbeitet wurden, dass das eben genannte „Ausharren in der Bewegung" durch eine nach oben zuckende Bewegung ersetzt worden ist, während die Hinterhand die Balance auf die Vorhand schiebt, weil die Dynamik der tief gesetzten Hanken fehlt und damit die gesamte Hinterhand und der Rücken nicht die dafür notwendige Leistungsfähigkeit aufbringen können. Das so wichtige Sprunggelenk, das für die gesteigerte Kadenz verantwortlich ist, kann daraufhin nicht mehr als Sprungfeder agieren, stattdessen werden die Hinterbeine hahnentrittartig angewinkelt, was ein großer Fehler ist. Hier verkommt die Passage zu einer lächerlichen Karikatur ihrer selbst. Der Bergaufeffekt, den man hier gern sehen möchte, wird komplett falsch interpretiert. Er entsteht doch nur durch die stark vermehrte Lastaufnahme von Hanke und Rücken und nicht durch das alleinige Hochziehen der Beine! Die richtige Sicht und Beurteilung erfordern

Hier sehen wir meinen Hannoveraner Scirocco, der über Jahre der Ausbildung gelernt hat, sich losgelassen im gesteigerten Gleichgewicht zu bewegen. Ja, er ist sogar inzwischen in der Lage, die Piaffe bei sehr tief gesetzter Hinterhand auszuführen. Hier sind die Hankengelenke in ihrer idealen Wirkungsposition für den Rücken und die Sprunggelenke eingezeichnet. Geschmeidige Hankenbeugung, als Motor des Pferdes, und ein funktionaler, schwingender Rücken liefern dieses Ergebnis. Die Position der Vorhand und des Halses wird dabei sichtlich erhöht. Das nennen wir relative Aufrichtung. Die horizontale Balance ist in dieser Situation, durch das überdurchschnittliche Absenken der gesamten Hinterhand, zur maximalen Lastübernahme eingerichtet worden.

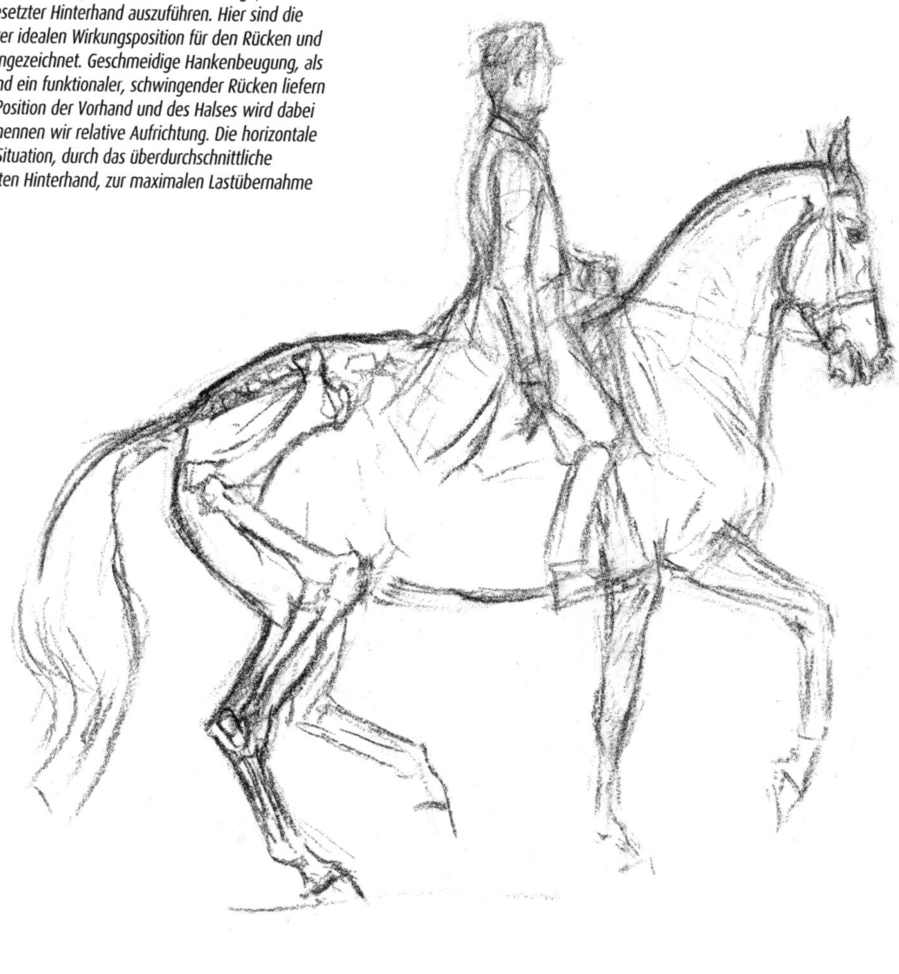

deshalb detaillierte Kenntnisse über die Balancezustände des Pferdes, die ausbaubare Muskulatur in Rücken und Hinterhand. Die Gleichgewichtssituation lässt sich allein über die Hanke steigern. Kurz gesagt: Eine schmale, unzureichend muskulierte Hinterhand kann eine Piaffe oder Passage gar nicht reell leisten!

Wenden wir uns weiteren schweren Lektionen zu. In Piaffe und Levade lässt sich die Hanke noch tiefer setzen. Natürlich senkt sich auch das Ende der Rückenwirbelsäule noch weiter ab – hier erbringt das Pferd absolute Höchstleistung mit all seinen körperlichen Fähigkeiten. Hier steht die hohe Aufrichtung der gesamten Vorhand wieder einmal in unmittelbarer Relation zur Leistungsfähigkeit des Pferderückens, die Hinterhand noch tiefer zu setzen, wenn das Pferd nur nicht in der vertikalen Balance gestört wird, wie zum Beispiel durch einen Sitzfehler oder durch die ungeschickte Führung mit der Reiterhand.

Der Reiter sollte sich in einer solchen Situation am besten gar nicht mehr sichtbar rühren, um nur nicht das empfindlich gewordene Gleichgewicht in diesen Höchstleistungen des Pferdes zu stören. Denn das bringt alle Pferde aus der Losgelassenheit und auf die Schulter.

Über seitlich biegende und versammelnde Übungen wie Schulterherein, Renvers, Traversalen kommen wir stufenweise zu einer tieferen Stellung der Hinterhand. Die Idee dahinter: Wir biegen unser Pferd auf jeder Seite in der Hanke ab, um es dort durchlässiger zu bekommen, damit es erst einmal einseitig vermehrt Last aufnehmen kann. So wird das Sicherstellen der Balance gleichzeitig und hauptsächlich auf den inneren Hinterfuß übertragen. Verlieren wir dabei den Takt, sind die Balance und die Losgelassenheit dahin.

Da wir dieses Abbiegen auf beiden Händen gleichmäßig üben, wird das Pferd in der Folge bei gerader Stellung in der Lage sein, das Gleichgewicht und seine Fortbewegung mehr und mehr aus den Hanken zu bewerkstelligen. Die Hanken wirken dann gleichseitig und gleichzeitig dergestalt geschmeidig auf die Sprunggelenke, dass diese bei richtiger Stellung (nicht zu weit untergeschoben) von oben niedergedrückt werden und – ähnlich wie eine Sprungfeder – die Energie im gleichen Maße wieder nach vornoben in den Antrieb des Pferdes weitergeben. Voraussetzung dazu ist, dass wir die Gelenke des Pferdes in jungen Jahren nicht durch falsches Reiten und permanente Überforderung ruiniert haben.

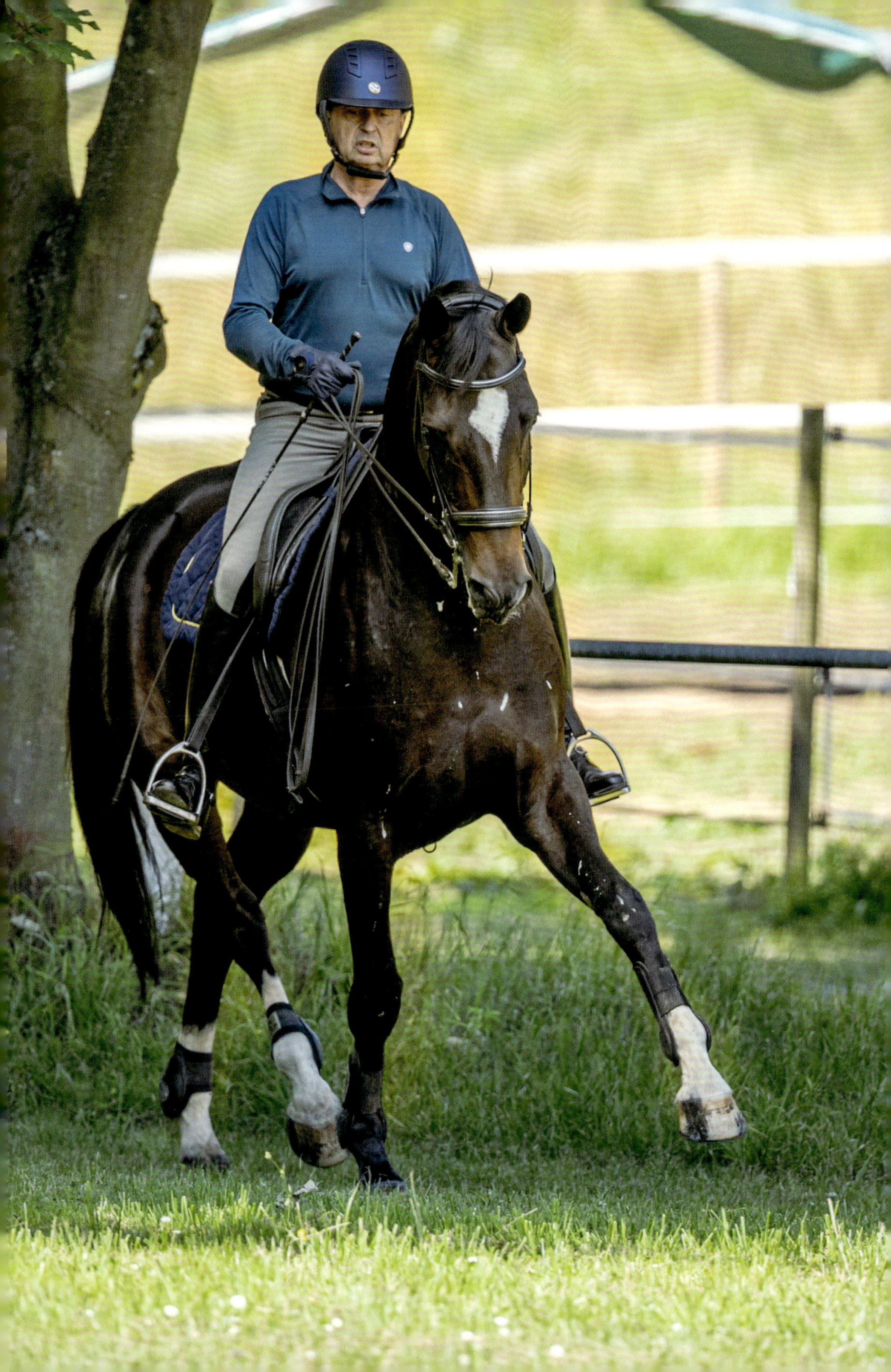

Biegung und Stellung

Biegung und Stellung, die auf beiden Händen gelingen sollten, gehören zu den Voraussetzungen des Geradeseins und dienen der weiteren Absenkung der Rückenwirbelsäule in der Nachhand.

Achten wir darauf, dass wir diese Lektionen nicht einfach irgendwie abspulen, denn das gefährdet ihren Nutzen. In diesen Lektionen wird besonderes Augenmerk auf die vertikale Balance gelegt, die unbedingt berücksichtigt werden muss, wenn wir das Pferd über das natürliche, horizontale Gleichgewicht in ein verstärkt durch die Hinterhand getragenes bringen wollen. Dieses Gleichgewicht könnten wir dann als „gesteigert" bezeichnen. Enorme Kraft und Losgelassenheit braucht das Pferd dazu. Diese wird sich nur über jahrelanges systematisches Training einstellen. Acht bis zehn Jahre Ausbildungsdauer sind hier die Regel, bis das Pferd in der Lage ist, alle Lektionen der Hohen Schule im Sinne eines Grand Prix in beinahe vollendetem Gleichgewicht auszuführen. Dieser Perfektion nahezukommen ist ein sehr steiniger, unbequemer und mühsamer Weg. Wenn wir nur eine Gleichgewichtssituation aus den Augen verlieren, wird es uns auf dem Pfad zum gewünschten Ziel mindestens zurückwerfen, vielleicht sogar ganz vom Weg abbringen. Sobald wir beispielsweise das vertikale Gleichgewicht stören, wird uns eine saubere Ausbildung im Sinne der Balance des Pferdes nicht mehr gelingen. Jedes Zuviel an Stellung im Genick, eine falsche oder unruhige Sitzposition des Reiters oder ungeschickte Einwirkungen werfen das Pferd prompt aus diesem sehr empfindlichen Gleichgewicht, in dem es sich befindet.

Beachten wir die klassischen Grundsätze, so bekommen wir das ersehnte schöne Reitgefühl – die Harmonie mit dem Pferd – als Lohn unserer ehrlichen Arbeit. Aber wie oft sehen wir Reiter (oder Reittrainer), die ihre Methoden durchsetzen und einfach ignorant weitermachen, anstatt wieder neu anzusetzen, wo ein Fehler unterlief.

Schulterherein: *Die Übung zur geschmeidigen und gesteigerten Lastübertragung auf den inneren Hinterfuß, der das Gleichgewicht von dort aus bestimmt, solange das Pferd unverändert im gewählten Tempo bleibt.*

Ausführung und Wissen werden dann zur Normalität. Und so bekommen wir Ergebnisse in schweren Lektionen, die als richtig bewertet werden, aber außerhalb jedes Gleichgewichtszustands des Pferdes liegen.

Ein gutes Beispiel dafür sind die aktuell präsentierten Galopppirouetten. In den Richtlinien Band 2 (1990, S. 70) wird diese Lektion wie folgt als richtig dargestellt: „Bei der Galopppirouette beschreibt die Hinterhand einen möglichst kleinen Kreis, der Dreitakt des Galoppsprungs soll in keinem Moment verloren gehen." Es wird dann weiter ausgeführt, wie der innere Hinterfuß in dieser Lektion die Hauptlast tragen soll und das Pferd, welches sein Gleichgewicht nur durch die gebeugten Hanken auf der Hinterhand findet, dabei genau nicht auf die Schulter kommt. Takt und Tempo

Traversalen:
Das linke Pferd geht mit viel zu viel seitlicher Abstellung und mit zu engem Hals. Infolgedessen ist es außerhalb jeder Balance. Das Genick ist nicht mehr höchster Punkt, der Hals ist im zweiten und dritten Halswirbel eingerundet. Das Pferd sucht das fünfte Bein auf der Hand, wodurch es auf die Vorhand geworfen wird; darüber kann auch ein Höhernehmen des Vorderknies (Karpalgelenk) nicht hinwegtäuschen. Auch wenn das ständig zu sehen ist und auf Turnieren mit Höchstnoten versehen wird, bleibt es komplett falsch!

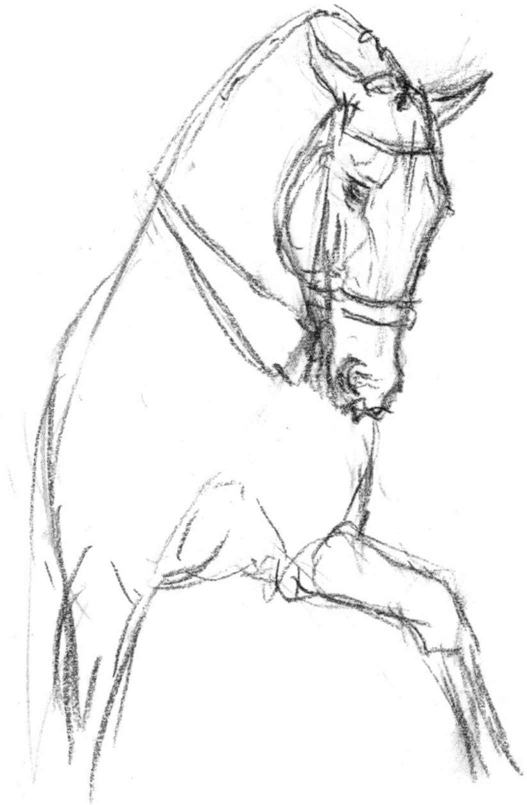

sollen wie im versammelten Galopp erhalten bleiben. Insgesamt soll die Übung mit Leichtigkeit ausgeführt werden.

Aber genau das Gegenteil davon wird heute trainiert sowie auf den Turnierplätzen gezeigt und für gut und richtig befunden. Wie sieht es aus, wenn das Pferd in dieser Lektion völlig aus dem Gleichgewicht geraten ist?

Allerorten sieht man Galopppirouetten, in denen das Pferd viel zu viel seitlich abgestellt ist, die Hinterbeine viel zu eng zu den Vorderbeinen vorgestoßen wurden, der Rücken sich karpfenartig im hinteren Bereich aufwölbt und das Pferd durch das rückständige Vorderbein klar und deutlich anzeigt, dass es versucht, die verloren gegangene vertikale und horizontale Balance wiederherzustellen, um sich doch noch irgendwie zu retten.

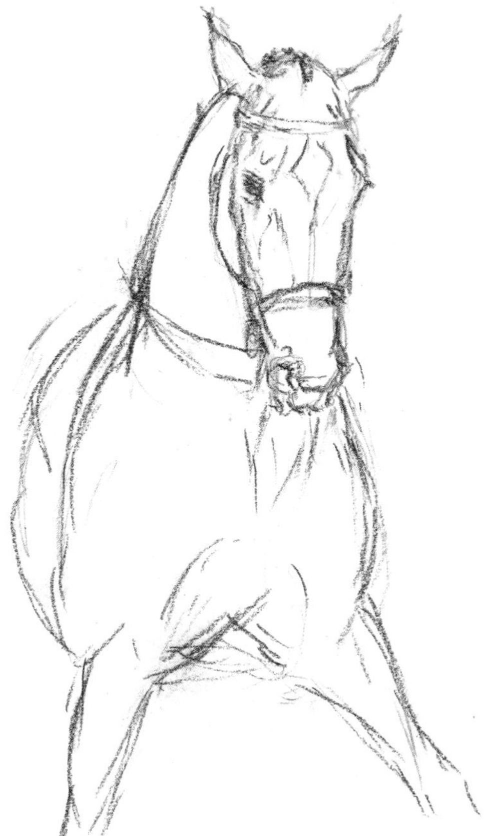

Das rechte Bild hingegen zeigt ein losgelassenes, sich sicher im Gleichgewicht bewegendes Pferd, dessen Hals lang ist, weshalb das Genick höchster Punkt bleibt. Die geringere Abstellung im Genick sichert die vertikale Balance des Pferdes, und damit ist auch die horizontale Balance nicht gefährdet. Die Reinheit des Gangs, des Takts bleibt erhalten.

So ist es richtig!

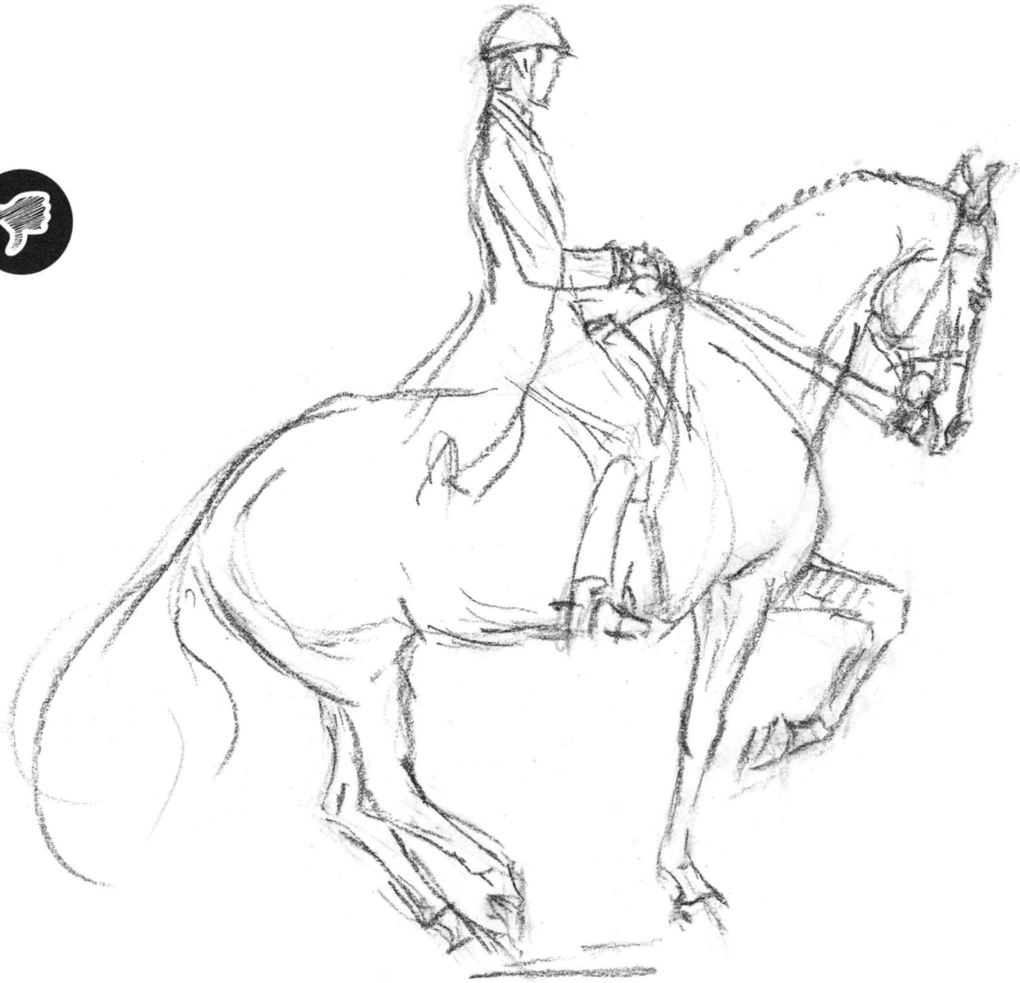

In der linken Pirouette ist zu erkennen, dass das Pferd den Rücken unnatürlich aufwölben muss und das Becken zu weit vorgekippt ist, damit die Beine enger zusammenkommen. Hervorgerufen wird diese Haltung durch groben Hand- und Sporeneinsatz. Das Problem hierbei ist, dass wir so keine Versammlung erreichen können. Das Zusammengekrümmte schadet dem Pferd erheblich, da es massiv auf der Schulter geritten wird. Zusätzlich fällt nun die Last des Reiters auf die Vorhand, denn er sitzt über dem stark rückständigen Vorderbein, welches in der Pirouette immer ein Zeichen für einen Vorhandgänger ist. Der Rücken dieser geschundenen Kreatur ist nur noch verkrampft, festgehalten und kann somit nicht mehr die Arbeit übernehmen, die er leisten sollte. Das viel zu stark nach vorn gekippte Becken der Hinterhand unterstützt diesen Missstand zusätzlich.

Das rechte Bild hingegen, das ebenfalls eine Pirouette zeigt, ist eine Wohltat für den wissenden, kunstverständigen und empathischen Reiter, denn genau so, losgelassen und dem Dreitakt ganz nahe, ist es richtig.

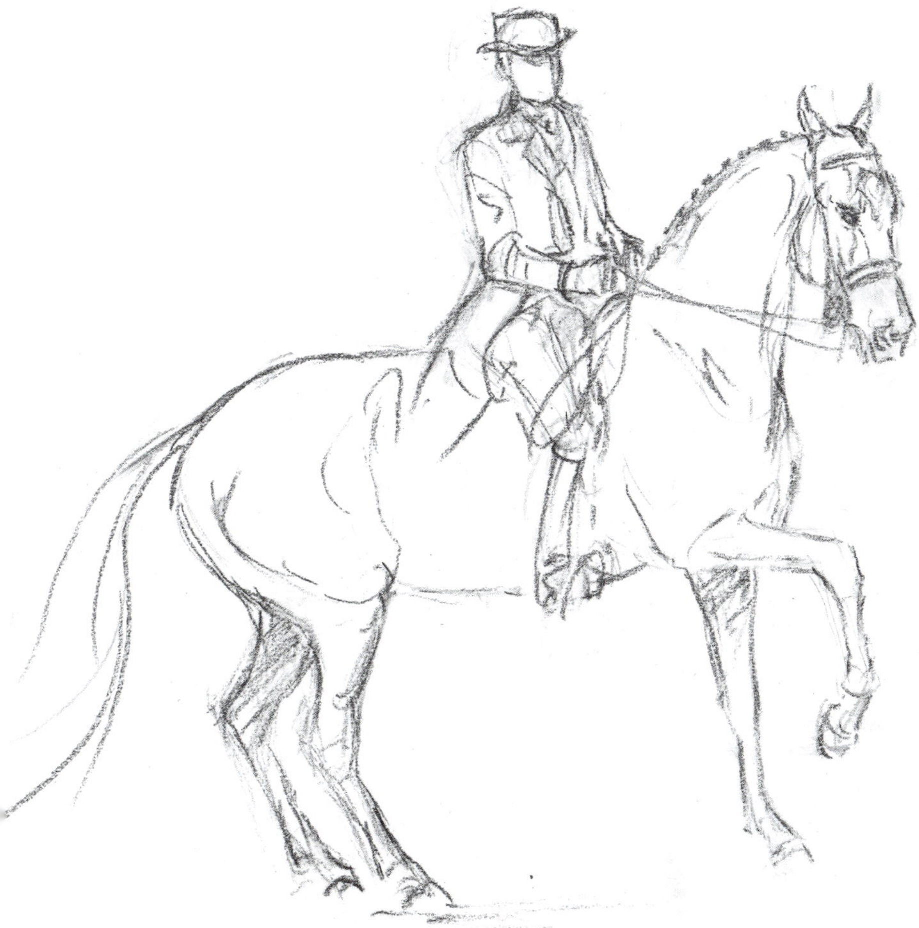

In Musikküren können Reiter und Pferd, sofern sie über viele, viele Jahre gut und klassisch ausgebildet wurden, sich nach der jeweils gespielten Musik ausrichten.

Der Kreis, den die Hinterhand bei diesem Szenario beschreibt, ist fast so groß wie der einer Volte. Es sieht genauso aus wie in einer Übungspirouette mit einem Radius von mindestens zwei bis drei Metern, bei der das Pferd dann allerdings auf den Schultern bleibt. Das Resultat ist hässlich und die Ausstrahlung schrumpft auf Minimalmaß. Es bleibt ein Vorhandgänger übrig, der dennoch versucht, über seinen inzwischen komplett festgehaltenen Rücken, schwerfällig und zeitlupenartig im gesteigerten Vierschlaggalopp um die Hinterhand herumzukommen. Eng im Hals, wird das verkrampfte Tier mit der Reiterhand nach oben rückwärts hochgehoben, um es mit derselben unsensiblen Führung und kräftigem Sporeneinsatz, bei hochgezogenem Knie und Absatz, herumzudrehen. Aus dieser künstlich erzeugten Höhe der Vorhand und mit dem sich außerhalb der Balance, im Stuhlsitz befindlichen Reiter fällt das Pferd unsanft wieder hinunter auf die Vorhand. Das Gleichgewicht liegt bei einer solch künstlichen und fehlerhaften Ausführung, genau wie beim Grasen, auf dem zurückstehenden Vorderfuß, nur kommt hier eben das Reitergewicht außerhalb der Balance hinzu, ebenso die gesprungene Bewegung. Doppelte Pein für unseren Vierbeiner. Der natürliche Takt des Galopps, nämlich der Dreischlag, wird hier rücksichtslos mit Füßen getreten. Der sollte natürlich auch in der Perfektion einer Galopppirouette annähernd eingehalten werden – ein Ideal, das meines Erachtens kaum erreichbar ist, aber angestrebt werden muss.

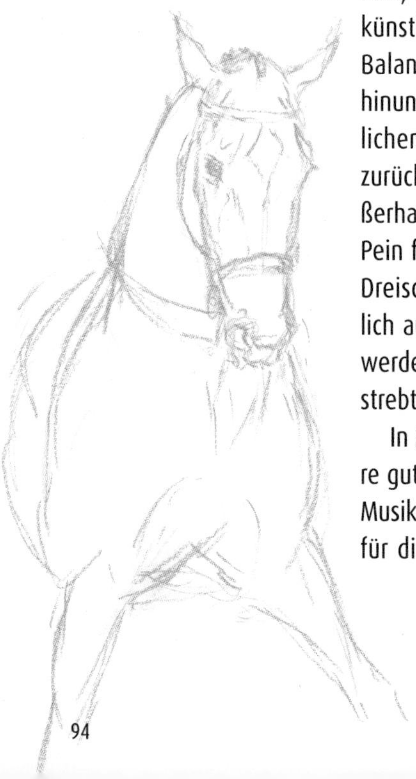

In Musikküren können Reiter und Pferd, sofern sie über viele, viele Jahre gut und klassisch ausgebildet wurden, sich nach der jeweils gespielten Musik ausrichten. Doch heute, da alles nur noch schnell gehen muss, bleibt für diese langwierige Ausbildung keine Zeit mehr. Stattdessen verzerrt man die Ausbildungsziele und behauptet, der Galoppsprung nehme durch den gesteigerten Versammlungsgrad mehr Zeit in Anspruch, weil das Pferd gerade dabei sei, „durch seinen Körper zu gehen". Man behilft sich dann dadurch, das Tempo der Musik deutlich zu verlangsamen, um sie so an die schwerfälligen, untrainierten und ungelenken Galopppirouetten anzupassen.

Wie sollten Galopppirouetten stattdessen aussehen? Gerade weil diese Übung nur sehr weit ausgebildeten Reitern und Pferden in einer guten Ausführung möglich ist, kommt dem Grundprinzip der Reinheit der Gänge besondere Bedeutung zu. Sie ist nur gewährleistet, wenn das Pferd in dieser Lektion sein Gleichgewicht über seine Hanken und den locker agierenden Rücken findet. Optisch wird das Pferd durch die tief gesetzte Hinterhand dort „kleiner", erscheint im Bewegungsablauf leichtfüßig und flink und zeigt sich in der Folge deutlich höher sowie erhabener in seiner Vorhand. Die tragfähige Balance ist nur genau über diesen Weg hergestellt und arbeitstauglich!

Schwungdurchflutung und Durchlässigkeit

Halten wir uns an das Reitsystem, das uns durch die natürlichen Bewegungsformen unserer Pferde vorgeschrieben wird, dann kommen wir durch den darin geforderten permanenten Erhalt der Losgelassenheit und die Entwicklung des Schwungs unweigerlich zur Durchlässigkeit. Das Pferd in seinen Balancezuständen zu erhalten, ist dabei unbedingte Voraussetzung. Bezogen auf die Stellung seiner Knochen im Skelett bedeutet das, dass jedes Abweichen von den naturgegebenen Vorgaben zugunsten eines vermeintlich „besser gehenden" Pferdes sich bis heute als falsch erwiesen hat. Muskeln, Bänder und Sehnen bewegen dieses Skelett unseres Vierbeiners. Insgesamt kann unser Pferd am besten Leistung bringen, wenn es trotz der Anstrengungen, die wir ihm abverlangen, „das Lockere" beibehält, so wie es von Natur aus konstruiert ist. Dort wird nämlich unnötiger Kräfteverzehr um jeden Preis vermieden. Daraus ergibt sich, dass wir mit der natürlichen, individuell variierenden Energie, die uns das Tier liefert, umzugehen wissen sollten, was zugegebenermaßen nicht immer einfach ist, insbesondere, wenn wir eine Remonte reiten. Die Idee des klassischen Reitsystems ist, Wirkungspunkte beim Pferd zu erarbeiten, mit denen es von Beginn an umgehen kann.

Betrachten wir die Galopppirouette von hinten, so sehen wir in der linken Zeichnung, wie die Längsbiegung aussehen sollte. Die Schwerpunktlinien von Reiter und Pferd liegen genau übereinander, was wir in der Fachsprache als „Bewegungsharmonie" bezeichnen. Auch ist hier die sichere Gleichgewichtssituation des Pferdes durch die richtige Arbeit der Hanke gewährleistet. Das Genick bleibt höchster Punkt. Die Reinheit des Gangs ist im Fokus. Diese Ausführung der Pirouette ist bemüht, dem klassischen Erfordernis Rechnung zu tragen, nämlich den Dreischlag des Galopps zu erhalten.

In der rechten Zeichnung sehen wir deutlich, wie die Lastaufnahme und die Balance zentral vom inneren Hinterfuß ausgehen. Der Reiter fügt sich durch seinen jahrelang trainierten Gleichgewichtssitz in dieses Bewegungsmuster des Pferdes wie selbstverständlich ein.

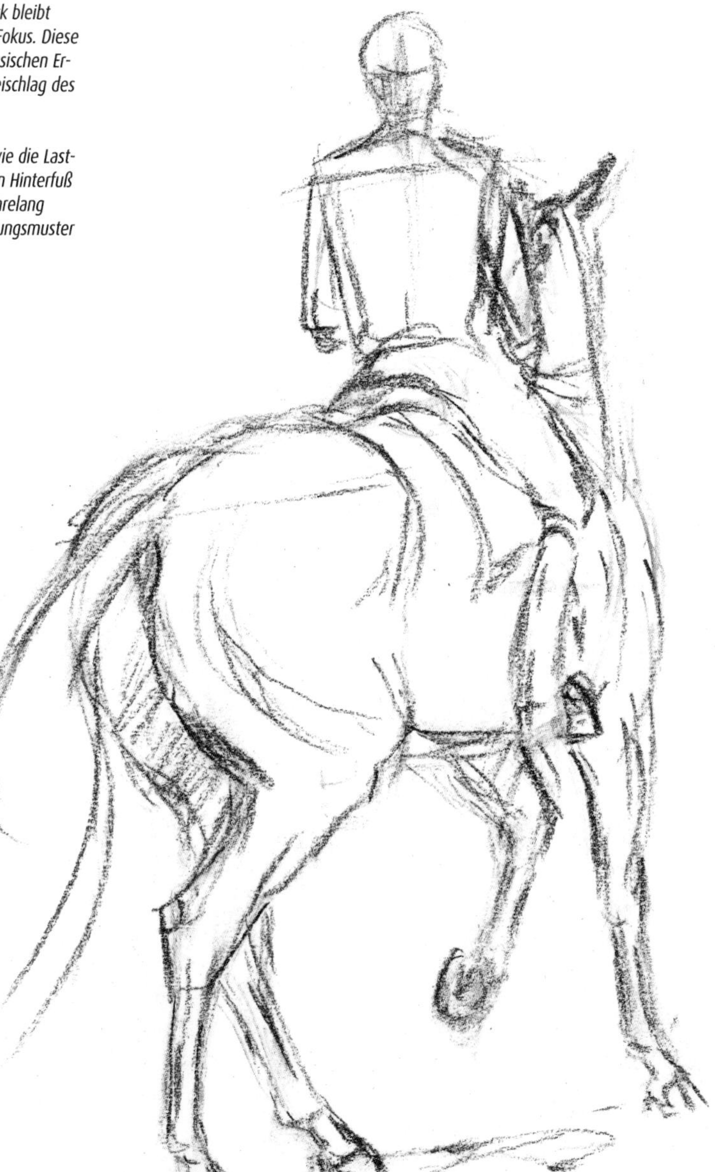

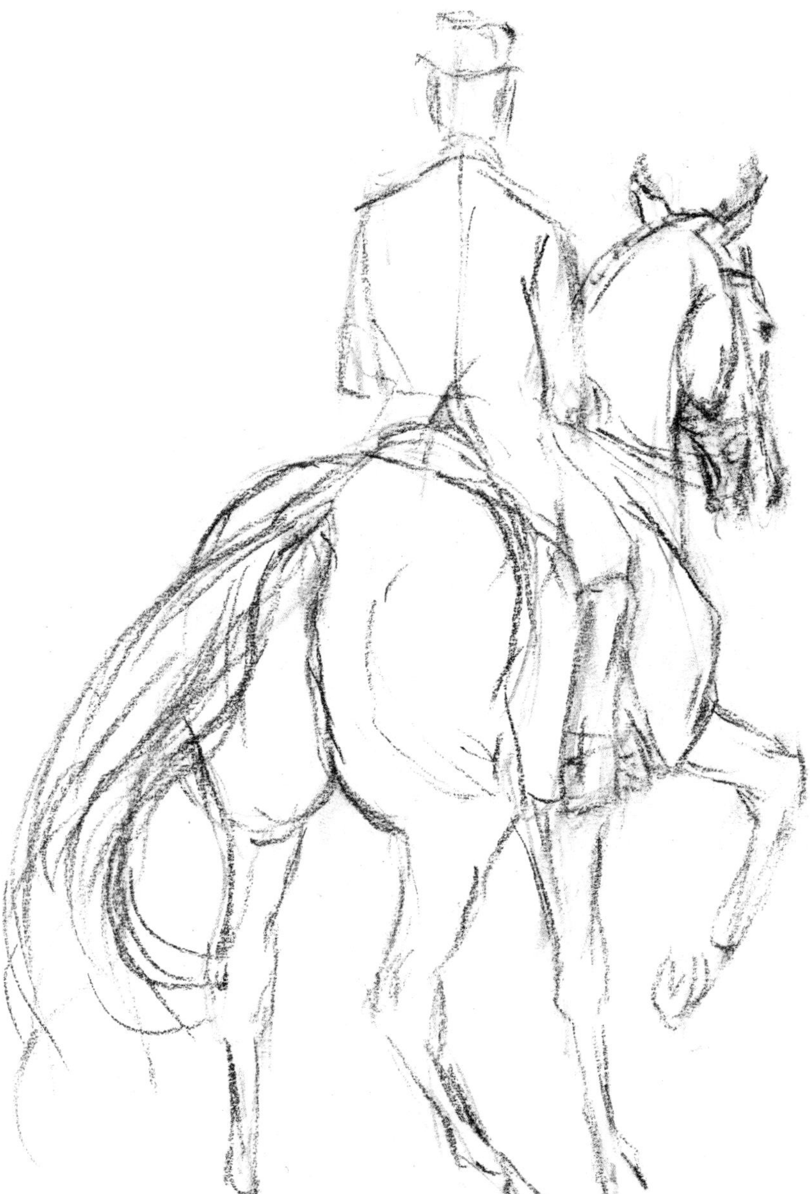

Die Reflexzonen des Pferdes und die darauf abgestimmte klassische Hilfengebung spielen im Umgang mit diesem natürlichen Antrieb, den ich auch als Bewegungsfreude bezeichne, eine ganz entscheidende Rolle.

Dieser Antrieb beim Pferd startet im Kopf, genauer gesagt im Gehirn, so wie das bei uns Menschen auch der Fall ist. Von dort werden diese Signale direkt an den „Motor", nämlich die Hinterhand, weitergegeben. Als Resultat setzt sich das Pferd in Bewegung. Ist das Pferd nun körperlich und seelisch natürlich belassen und im klassischen Sinn trainiert, so können wir im Verlauf unserer Arbeit mit ihm seine Bewegungsenergie fein nutzen und lenken. Dabei muss uns klar sein, dass dieser Energiefluss seinen Anfang in der Hanke nimmt und über den langen Rücken und Hals bis in die Hand des Reiters läuft. Sofern sich das Pferd tatsächlich losgelassen bewegt, wird dieser Fluss nicht unterbrochen oder erfährt keine Irritationen. Störungen, die meistens aus Hanke und Rücken kommen, sind spätestens in der Hand zu spüren. Dieses zu fühlen, zu erkennen und gleichzeitig geistig richtig zu erfassen, ist eine schwierige Aufgabe. Deshalb gelingt es bei Weitem nicht jedem Reiter. Und manches Mal spüren wir die Unpässlichkeit auch schon im Sitz, bevor wir die aufkommende Irritation in die Hand bekommen. Das sind Zehntelsekunden-Augenblicke und diese muss der Reiter reflexartig erfassen können. Die extrem kurze, mir zur Verfügung stehende Zeitspanne, in der die Hilfe zur sofortigen feinen Korrektur erfolgen kann, ist so knapp, dass zum Überlegen keine Zeit bleibt. Ist der Reiter zu langsam – befindet sich also geistig nicht vor dem Pferd –, kann aus einer solchen Bagatelle schnell eine größere Herausforderung werden, deren Lösung sich im Nachgang länger hinzieht, als es einem lieb ist. Es ist normalerweise gar nicht so einfach, ein solches Szenario zu trainieren, da oft die äußeren Bedingungen fehlen, um möglichst umfassend Erfahrung zu sammeln. Wenn man über Jahrzehnte auf vielen verschiedenen Pferden unter allerbester Anleitung trainiert hat, wird man in der Lage sein, die der Situation angepasste, richtige Korrektur mit einem gewissen „Automatismus" einzusetzen, also ohne noch groß über eine adäquate Hilfe nachzudenken oder sie gar hinterfragen zu müssen. So wird man etwa den Hinterfuß in der Hand fühlen, eine Voraussetzung, um die Balance mit kürzeren oder raumgreifenderen Tritten richtig einstellen zu können.

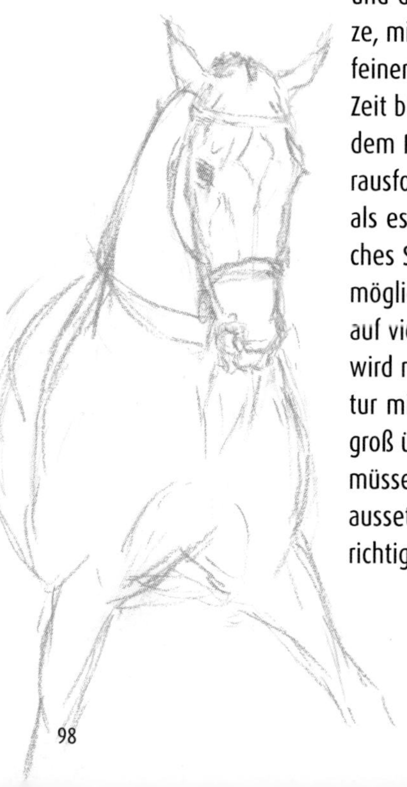

Verändern wir aber nur einen einzigen Baustein aus dem natürlich körperlichen Bewegungspotenzial des Pferdes oder bearbeiten die Basis unsachgemäß, dann werden wir die Energie vor dem zu erreichenden Wirkungspunkt verlieren. Das gilt zum Beispiel dann, wenn das Pferd im Hals unnötig und übertrieben rund gemacht wird. Hier sehen wir, dass der zweite (C2) und dritte (C3) Halswirbel höher zum Liegen kommt als das Genick. Und an genau dieser Stelle entweicht die Energie beziehungsweise geht der Wirkungspunkt verloren. Der Kopf und die darin befindliche Trensengebisslage werden nämlich so nachteilig verlagert, dass ein Durchkommen zu den Hinterfüßen nicht mehr möglich ist. Das gilt natürlich auch für andere Gegebenheiten, wie den aufgewölbten Rücken, in dem uns das Pferd nicht mehr zum Sitzen kommen lässt und damit unsere Kreuzeinwirkung keinen Wirkungspunkt mehr findet. Oder das seitliche Hin-und-her-Ziehen des Halses und den damit einhergehenden Verlust jeden Wirkungspunktes. Oder den Verlust der vertikalen Balance, die die sofortige Störung des waagrechten Gleichgewichtszustands zur Folge hat. Das alles führt zu völlig verspannten Tieren und resultiert aus der Unvernunft der diversen, modischen und immer neuen Trends folgenden Reitstile, in denen die verhaltende Hilfe eine viel zu dominante Rolle einnimmt. Das Gesamtverständnis für ein von hinten nach vorn gearbeitetes Pferd fehlt dabei, und weil das so ist, wird das Pferd mit dem Sporn nach vorn weggejagt, um dann mit der Hand den Hals rund und rückwärts einzupressen.

Ein „schwungdurchflutetes" – wie Oskar Maria Stensbeck es beschreibt – und durchlässiges Pferd lässt alle Hilfen willig durch: von hinten nach vorn (treibende Hilfe) und selbstverständlich auch von vorn nach hinten (verhaltende Hilfe). Genau mit diesem fein abgestimmten Instrumentarium bringe ich mein Pferd in der weiteren Ausbildung sicher, gut und Erfolg versprechend voran. Grundlage dafür ist die genaueste Berücksichtigung der vier Balancetypen. Und genau das meint Gustav von Dreyhausen, wenn er schreibt: „Ein guter Sitz treibt aus sich selbst heraus!"

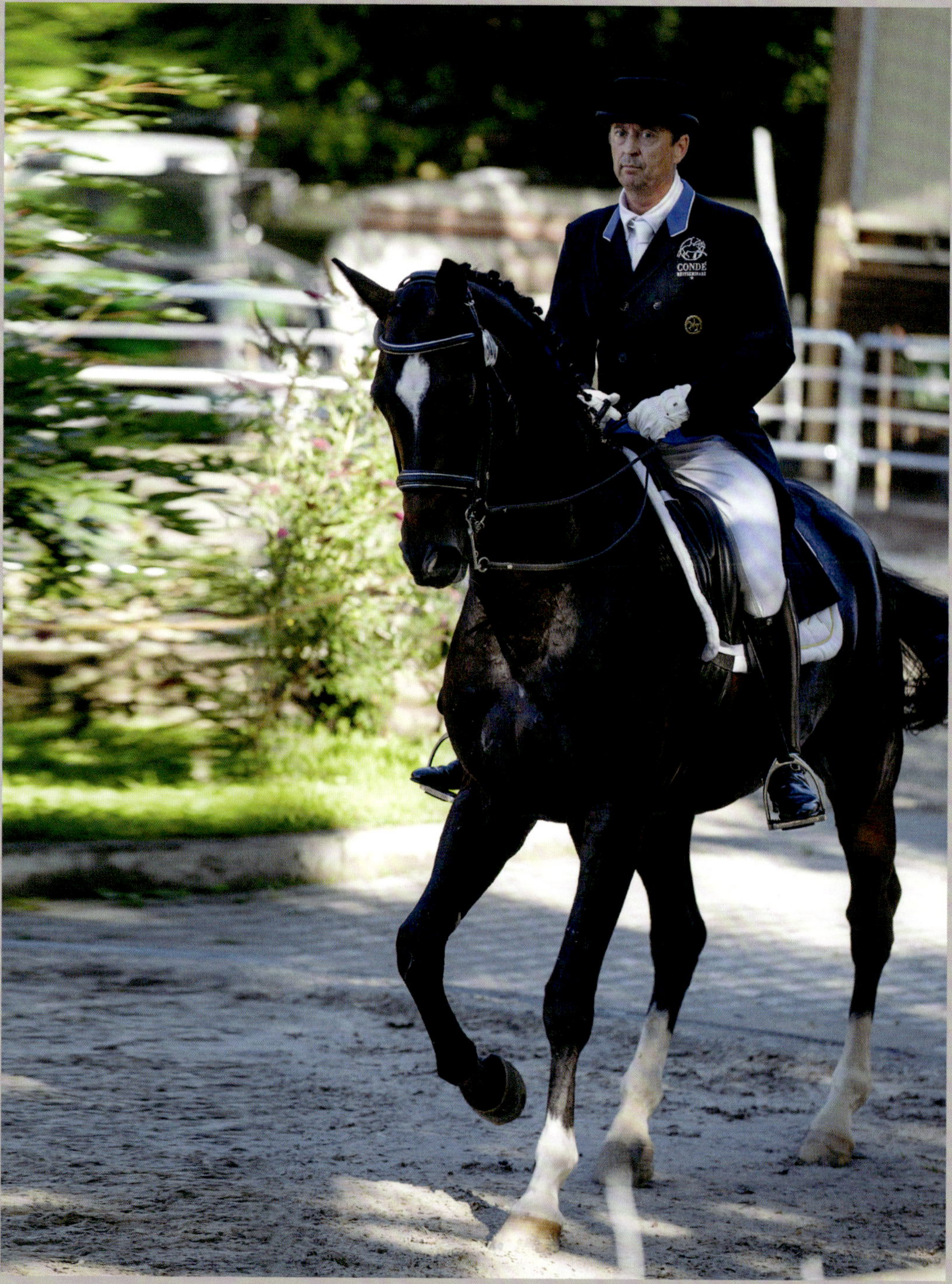
CONDÉ

Kapitel 5

Aus der Balance – all die schönen Pferde! Sehenden Auges auf dem Turnier

Reiter, insbesondere Berufsreiter, die sich öffentlich zeigen, haben eine Vorbildfunktion. Sie sollten sich positiv hervorheben zum Wohl des Pferdes. Aber was sehen wir während dieser öffentlichen Auftritte? Nehmen wir doch den Abreiteplatz eines Turniers. Das „Abreiten" ist, wie wir alle wissen, dazu gedacht, unsere Pferde sinnvoll auf die anschließende Prüfung vorzubereiten. Doch wenn die Kandidaten gerade einmal aufgesessen sind – natürlich mit Aufstiegshocker aufs Reittier gelangt, um den Rücken

Dieses aus dem Takt gehende, zusammengeschraubte Pferd wird heutzutage als gut und richtig empfunden, obwohl es komplett aus jeder Balance ist. Aber Hauptsache, es absolviert die gewünschte Lektion!

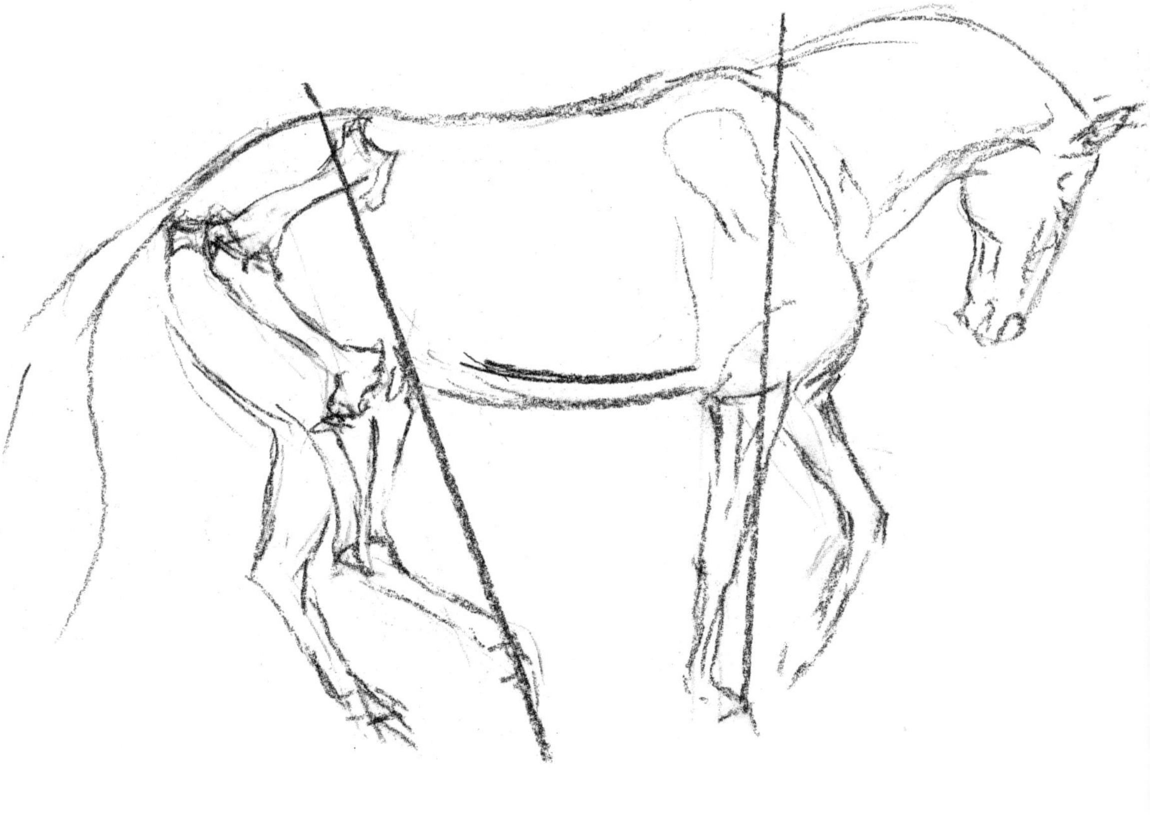

> *Reiter, insbesondere Berufsreiter, die sich öffentlich zeigen, haben eine Vorbildfunktion.*

des Pferdes zu schonen –, nehmen sie sofort den Zügel in die Hand, um dem Pferd den Kopf unablässig hin und her zu ziehen. Der Hals des armen Tieres wird „rund" eingeengt und das Pferd schwindelig gezerrt. Der daraufhockende Reiter empfindet sich dabei als professionell und großartig. Bei all diesen schönen Gefühlen für sich selbst ist ihm jedoch entgangen, dass das Pferd den Rücken festhält und sein Gleichgewicht auf der Vorhand sucht, bevor er den „Warm-up"-Platz überhaupt erreicht hat. Die Losgelassenheit des Pferdes ist hier bereits verloren. Doch als vermeintlich allwissender Herr über sein Pferd wird der Reiter dem Tier schon gleich beikommen. Nun auf dem Vorbereitungsplatz eingetroffen, bleibt der Anzug der kräftig einwirkenden Hände auf das Pferdemaul bestehen, alles andere wäre auch Kontrollverlust (mangels einer gut ausgearbeiteten Balance). Hierbei steht insbesondere die Schwächung des Pferdes in der Hals- und Rückenmuskulatur im Vordergrund, damit es sich in der anschließenden Prüfung nicht mehr wehren kann und folgsam sein wird. Kaum eine Runde Schritt geritten, wird ab jetzt vorgemacht, wie es richtig rund geht. Über das zeitgemäße Headset werden dazu vom Bodenpersonal Anweisungen an den Reiter übermittelt, der in der Folge die Restindividualität und Balance seines Pferdes vollständig abwürgen wird. Mithilfe von zu viel Armkraft, grobem Sporeneinsatz, schlechtem Reitsitz und ohne erkennbare Systematik, weil das Wissen dazu fehlt, muss das Pferd nun auf den Trichter kommen, was von ihm gewollt ist. Ein harter Sporeneinsatz folgt dem anderen, natürlich nicht am Gurt, sondern weiter hinten, sodass dem Pferd keine andere Wahl bleibt, als über die verkrampfte Bauchmuskulatur die hintere Partie des Rückens und damit die Hinterhand hochzunehmen. Vor lauter stupidem Druck zieht das Pferd jetzt in die Hand, weil es dieser unangenehmen Einwirkung am liebsten entweichen möchte, aber nicht kann. Es kann somit unmöglich leicht am Zügel stehen. Ist also das Pferd müde gemacht, das Ausschalten von Harmonie, Losgelassenheit und

> *Der Hals des armen Tieres wird „rund“ eingeengt und das Pferd schwindelig gezerrt.*

Balance des Pferdes durch die Schwächung seines Körpers, insbesondere in der Halsformation, während des Warm-ups gelungen und zeigt es sich konkav zusammengekauert mit nach oben gekrümmten Rücken, dann geht es in die Prüfung. Dabei sieht das Pferd jetzt so aus, als sei es kurz davor, sich hinzulegen. Von der Nasenspitze bis zum Hinterhuf ist es zusammengeschoben und eingerundet.

Ein triviales Beispiel verdeutlicht schnell, wie sich ein Pferd fühlen muss, dem es so ergeht. Versuchen Sie doch einmal, mit dem Kinn auf die Brust gehalten bei gleichzeitig verkrampfter Bauchmuskulatur zu joggen. Ich bin überzeugt, dass dies Ihre Leistungsfähigkeit enorm schmälert und es Ihnen keine Freude bringt. Und weil er so maßgeblich von dieser Fehlhaltung betroffen ist, tut Ihr Rücken auch noch weh. Von regelmäßiger Atmung will ich gar nicht erst sprechen. Performance ade!

Eines ist ja auch klar: Wenn unsere modernen Reitpferde schönere Bewegungen haben als früher, im Sinne von schöneren Aktionen der Vorhand, so könnten auch die Ergebnisse des fertig ausgebildeten Pferdes umso schöner sein. Übrigens bleibt die hohe Aktion, bei der das Pferd Vorderknie (Karpalgelenk) und Hufe hoch vom Boden erhebt, kein Haupterfordernis, sondern die Aufrichtung im Widerrist und die dadurch hervorgebrachte Senkung der Rückenwirbelsäule nahe der Hinterhand, nämlich durch die Hanken.

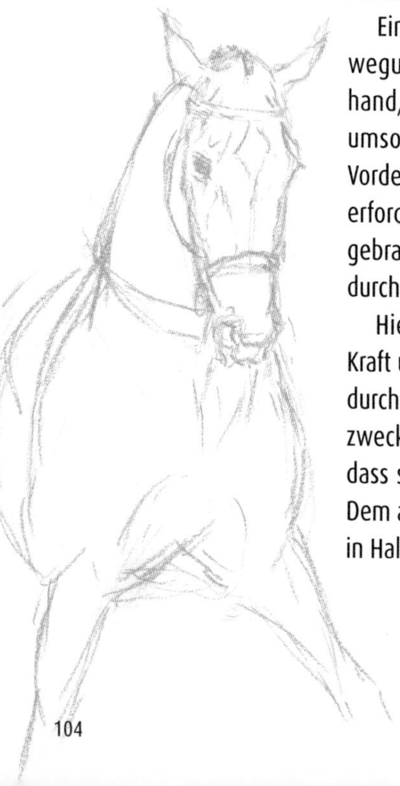

Hier erweist sich wieder, wie wenig die Kraft des Reiters gegen die Kraft und verlorene Balance des Pferdes ausrichten kann, wenn er sie nicht durch das Hinzunehmen der Kunst unterstützt: Die eben dargestellte unzweckmäßige Bearbeitung und Form des Vierbeiners trägt nicht dazu bei, dass sich das Gleichgewicht vermehrt über die Hinterhand ausbalanciert. Dem armen Tier wird die Arbeit im Gegenteil massiv erschwert. Körperteile in Hals und Rücken werden zusammengedrückt, das Pferd zeigt sich genau nicht mehr elastisch in der Muskulatur sowie in seinen Bewegungen. Hier sehen wir eine tote Aufrichtung in der vermeintlichen Versammlung des Pferdes. Andere sprechen von einer starren Denkmalshaltung, die unwillkürlich einen festgehaltenen Rücken zur Folge hat. Diese Methode, Pferde zu reiten, ist galaxienweit von einer natürlichen oder klassischen Reitkunst entfernt. Dass bei einer solch lieblosen Behandlung unserer Pferde der Tierschutz aktiv werden muss, versteht sich von selbst. Tatsächlich gehören Reiter wie die oben beschriebenen nicht aufs Pferd, und erst recht sollten nicht Trainer oder Richter das Turniergeschehen bestimmen, die eine solche Disbalance auch noch als erstrebenswert und richtig erachten, gegen jede Vernunft.

Ich erinnere mich noch genau an den Kommentar eines Richters – vor fünf Jahren bei Heidelberg –, der eigentlich die Aufsichtspflicht am Abreiteplatz hatte. Er meinte lachend zu einer am Rand des Platzes stehenden kleinen Gruppe, dass heutzutage das Thema Tierschutz völlig überbewertet werde und er nur zur Beruhigung der Zuschauer dort stehe. Das Gleiche gelte auch für die angeordneten Vet-Checks. Man solle sich nicht so anstellen, sie seien als Reiter früher noch viel härter mit den Pferden umgegangen. Zum Beispiel habe man Draht um die Gerte gewickelt.

Bei anderer Gelegenheit, in der Nähe von Würzburg, wurde der Steward am Abreiteplatz darauf angesprochen, dass ein Reiter, der über das Headset seine Anweisungen erhielt, unablässig sein Pferd in Rollkur quälte. Der Steward meinte lapidar, das Pferd werde gleich wieder „hochkommen“ – was nicht der Fall war. Übrigens, die Anweisungen über das Headset bekam der Reiter von seinem Vater, der auch sein Trainer ist – und natürlich ist auch dieser Richter!

So bitte nicht! Dazu kann ich nur Egon von Neindorff zitieren: „Verlange nicht unklug Unkluges von Deinem Pferd!“

Richter, Reiter und Trainer oder: Do ut des (Ich gebe, damit du gebest)

Anstatt dass sich die Richter während eines Turniers (im getrennten Richtverfahren) die Mühe machten, den gezeigten Ritt in Gänze zu beschreiben, sich Zeit nähmen, um die wesentlichen Punkte eines ehrlich durchgerittenen Pferdes berücksichtigen zu können und dem Reiter in der Ausbildung seines Pferdes konstruktiv Verbesserungspotenziale aufzuzeigen, wird die Beurteilung auf einen Standardnotenbogen reduziert. Gerade diese empathielose

Beinahe allerorts sieht modernes Reiten so aus. Da hilft auch nicht, dass das Kriterium „Nase vor der Senkrechten" eingehalten wird, wo doch der gesamte Pferdekörper und der Reiter verspannt in völliger Disbalance gegeneinander agieren. Der Leidtragende ist das Pferd!

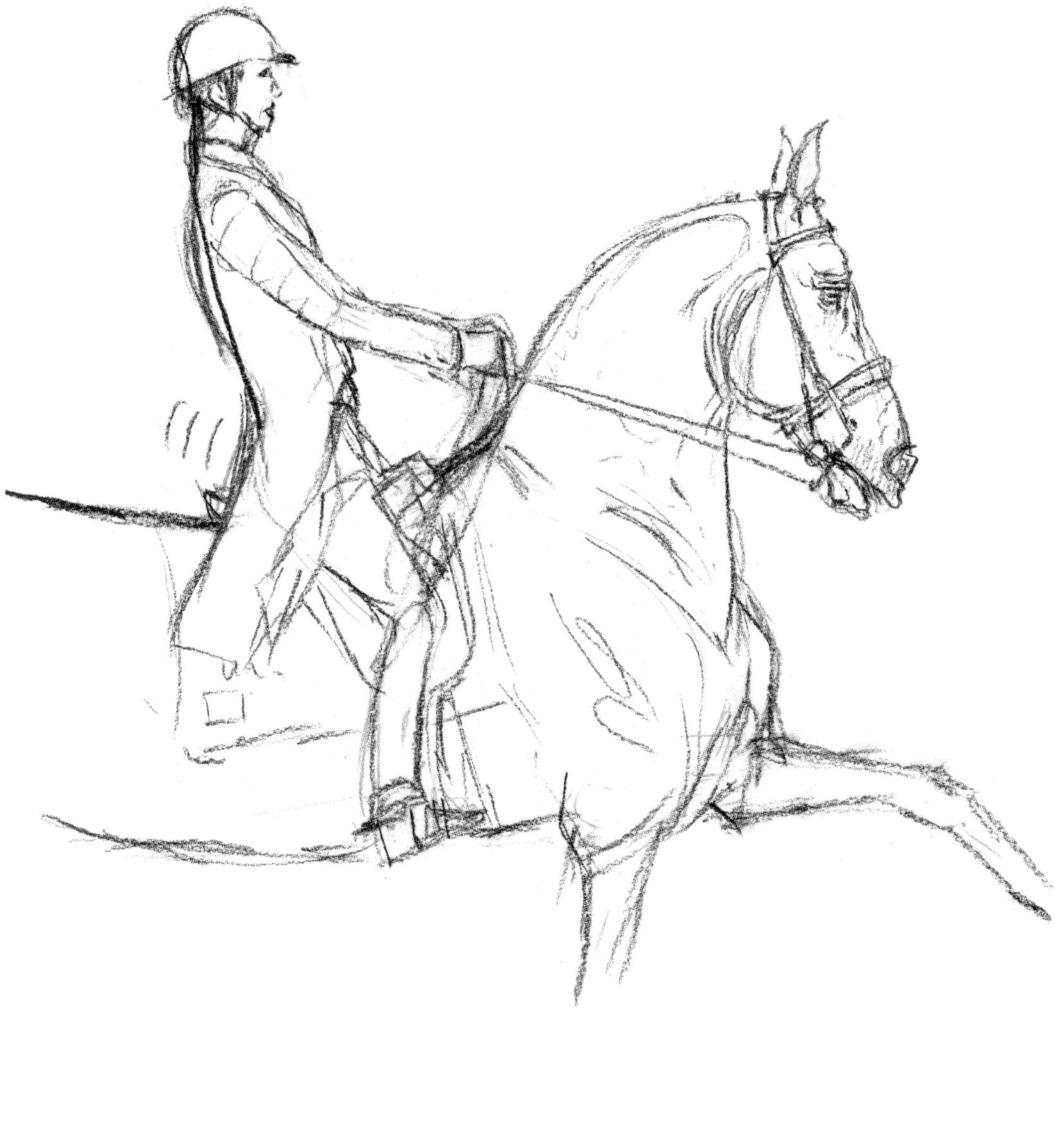

> *Wer da denkt, er kann schon alles der kann nichts! Das Ziel muß ein ideales sein, sonst stecken wir fest im Mittelmaß.*
>
> Oskar Maria Stensbeck

Bewertungsmethode im heutigen Turniersport liefert fortwährend die Steilvorlage zur Missachtung jeglicher pferdegerechten Ausbildung. Der Richter weiß schon im Vorhinein auf zwei bis drei Punkte genau, auf welche Endpunktzahl er auf dem Notenbogen kommen muss, um „seine" Kandidaten nach vorn zu bringen. Gründe dafür gibt es genug. Zum Beispiel ist der profitable Verkauf von „Zuchtprodukten" für alle daran Beteiligten ein lukratives Geschäft und zieht Vetternwirtschaft nach sich.

Der Notenbogen jedoch und die Schulung der Richter, von denen die meisten reiterlich selbst kein Vorbild mehr sind, befördern eine Reitweise, die sich fast ausschließlich an den gezeigten Einzellektionen ausrichtet. In jeder Lektion werden Noten zwischen Eins und Zehn vergeben, inzwischen gibt es sogar und überflüssigerweise noch halbe Noten, wie zum Beispiel die 6,5: einerseits, um eine Note Sechs nicht begründen zu müssen, zumal sie nicht angebracht wäre, und andererseits keine Sieben geben zu müssen, weil der Kandidat nicht zu den eigenen Favoriten zählt. Umgekehrt, im Sinne einer gewünschten Höherbenotung, funktioniert das genauso. Sofern man sich mit diesem Notenbogen auseinandergesetzt hat, kann man leicht erkennen, dass hohe Noten, die von vornherein gegeben werden, die Rangfolge der Prüfungsteilnehmer klar bestimmen, egal, ob in der Mitte oder zum Ende der Prüfung hier und da mal eine Note etwas reduzierter ausfällt, weil zum Beispiel die Losgelassenheit komplett fehlt. So findet auch der regelmäßige Trab als reiner Gang, die „Mutter" aller Gänge, nicht mehr die Aufmerksamkeit und den Platz, die ihm gebühren.

Die mittlerweile absolute Bedeutungslosigkeit der Basisarbeit findet somit in den vorgeschriebenen Notenbögen der Reiterlichen Vereinigungen ihren Ausdruck, regional, national oder international. Balance und Losgelassenheit, die unumstößlichen Ausgangspunkte für gutes, pferdegerechtes

Reiten, finden nur noch wenige Anhänger auf Messen, Shows und im Turniersport. Das Resultat – na, sehen Sie selbst: steife Reitergestalten, ihre Pferde lediglich auf ein schwungloses Lektionenprogramm abgerichtet, todunglückliche Pferdegesichter, die mit ihrer Stirnlinie hinter der Senkrechten bleiben und in jeder Gangart mit dem Kopf nicken, als hätten sie die Wirbelsäule eines Huhns und dessen Hals. Hinzu kommt, dass der Pferdekopf immer wieder seitlich hin und her gezogen wird. Ein geschlossenes, ruhiges Halten in der Grußaufstellung ist nicht mehr erforderlich und wird deshalb auch nicht mehr gezeigt. Das Pferd kann sich sogar, aufgrund seiner permanenten Misshandlung, im Viereck gegen den Reiter durch Buckeln oder andere Mätzchen garstig widersetzen – und es gibt dennoch Höchstnoten. Ein solcher Ungehorsam in einer schweren Prüfung, wie zum Beispiel im Grand Prix, gehört meiner Ansicht nach abgeklingelt und nicht auf den ersten Platz. Ich betrachte das Vornehmen einer solchen Platzierung als unverantwortlich und unverschämt der Reiterei gegenüber.

Es hilft nicht, den Kopf des Pferdes nur in die richtige Stellung zu zwingen, bevor das Gebäude in Ordnung gebracht worden ist. Funktioniert dieses aber geordnet, so fällt das lockere Genick des Pferdes von allein, und das Pferd meldet sich angenehm in unserer Hand. Ich spüre sozusagen in meiner Hand, was sich hinten tut.

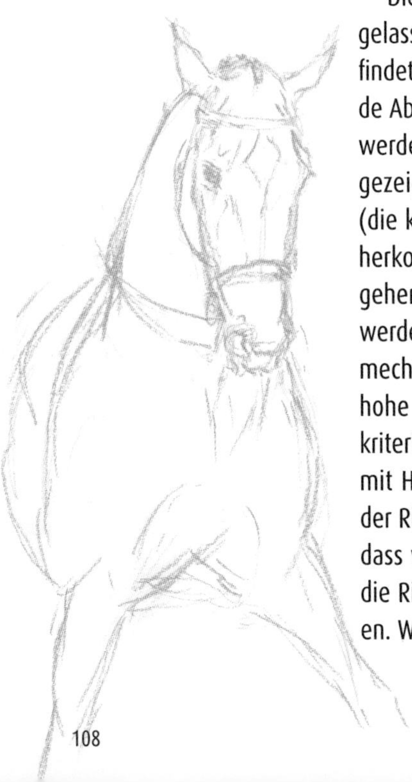

Die Balance des Pferdes, die sich durch einen taktsicheren Trab, die Losgelassenheit und einen sich harmonisch benehmenden Reiter auszeichnet, findet keine hohe Wertschätzung mehr und wird durch spektakulär wirkende Abrichtung und Mechanisierung der Gänge unserer Pferde abgelöst. Sie werden heutzutage allerorts vorwiegend im Schwebe- oder Schwimmtrab gezeigt. So ist es bald nicht mehr unterscheidbar, ob sie in der Passage (die keine ist) oder im versammelten Trab (der auch keiner mehr ist) daherkommen. Beides sind eindeutige Merkmale für ein komplett verspannt gehendes Pferd. Nachdem man fast nur noch diese Spannungstritte sieht, werden sie als gut und sensationell ästhetisch empfunden. Die eine Gangmechanik wird mit der nächsten verglichen, denn nur noch dafür gibt es hohe Punkte, wenn man einmal von weiteren subjektiven Beurteilungskriterien absieht. Die Balance zwischen dem, was heutzutage von Richtern mit Höchstnoten versehen wird, und der richtigen Ausführung im Sinne der Richtlinien der FN ist komplett in Schieflage geraten. Das geht so weit, dass vor einigen Jahren ein Bundestrainer im Fernsehen äußerte, er habe die Richtlinien nicht gelesen, da Theorie und Praxis nicht zu vereinen seien. Wenn solche krassen Ausrutscher öffentlich kundgetan werden dürfen,

Die Richter sollten die Aufgabe haben, das Kulturerbe der Reitkunst zu bewahren, und einige wenige sehen sich dieser Sache auch verpflichtet – das Gros will aber einfach die – mit dem Richteramt verbundenen – vielfältigen Vorteile für sich nutzen, was eindeutig zum Schaden der Dressurreiterei in der öffentlichen Wahrnehmung führt. Das Ergebnis ist, dass Pferde in einer starren, unzumutbaren Haltung (Kopf-Hals-Position) gezeigt werden, die einem schablonenhaften Reiten folgt, aber außerhalb einer naturorientierten Haltungsmöglichkeit und der Balance ist. Letzten Endes kann das Pferd die völlig in Schieflage geratenen Gleichgewichtszustände nur noch dadurch auffangen, indem es in die Hand zieht und dort sein Seelenheil sucht, aber auch nicht finden kann.

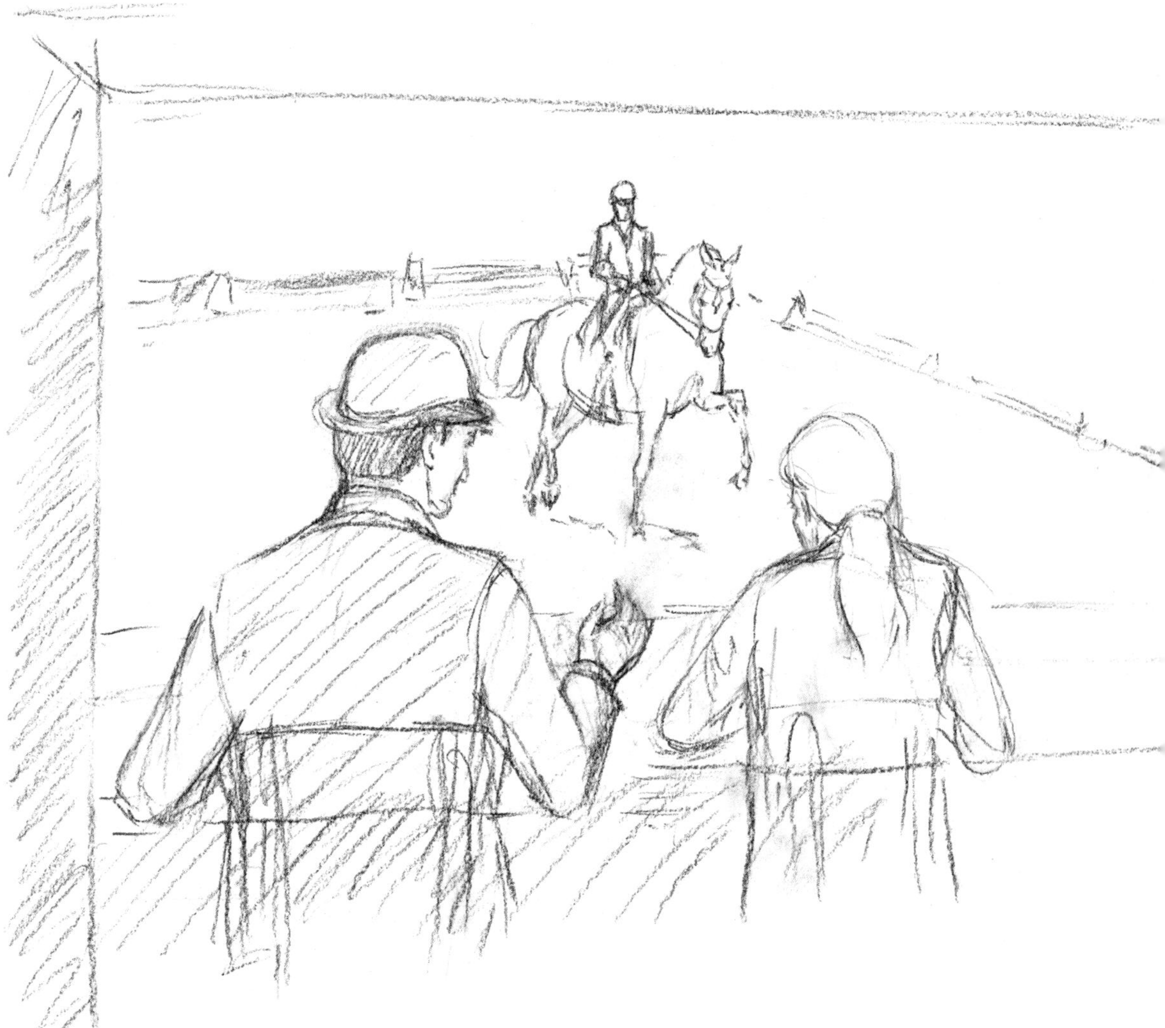

> *Alles, was wir hören, ist eine Meinung und keine Tatsache. Alles, was wir sehen, ist eine Perspektive, nicht die Wahrheit.*
>
> Mark Aurel

dann müssen wir uns nicht wundern, wenn Zuschauer darauf hereinfallen. Denn sie vertrauen darauf, dass dieser Offizielle, kein Geringerer als der Bundestrainer, die richtige Autorität besitzt, um reiterliche Wahrheiten zu kommunizieren, ganz gleich, was bei solcher Darstellung der Reiterei für das Pferd herauskommt.

Es werden Grobheiten gelehrt, die den Wunsch im Visier haben, schnell Erfolge im Turniersport zu erlangen. Schuld daran ist das Bewertungssystem, wie es heute durch die Richter umgesetzt wird. Besonders drastisch wird es, wenn wir uns die Damen und Herren ansehen, die in den jeweiligen Kadern reiten. Das inkorrekte Hindrücken der Pferde zu Lektionen, zu denen sie ihrem Ausbildungsstand entsprechend körperlich nicht schadlos in der Lage sind, ist an der Tagesordnung. So wird einer Brutalität Tür und Tor geöffnet, für die Landestrainer, Reitmeister und andere Vor-Reiter die Verantwortung übernehmen müssen. Die Reitmeister etwa haben enorme Beispielfunktion und sollten, so wie Richter und Landes- und Bundestrainer auch, das Beste aus dem Balanceakt zwischen klassischer Reitkunst und dem Turniersport hervorbringen, was aber heutzutage nicht stattfindet. Der Titel „Reitmeister“ oder auch das „Goldene Reitabzeichen“ standen früher einmal für gutes und in diesem Sinne erfolgreiches Reiten. Heute werden diese Ehrentitel inflationär verliehen, und Reiter, die im Grunde genommen Vorbildfunktion haben sollten, geben Profitorientierung und Erfolgsdruck an den Nachwuchs weiter.

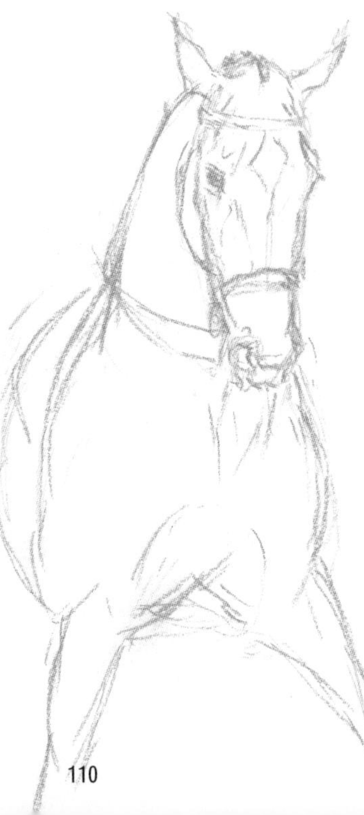

Das Reiten als Kunst wendet sich aber an eine seelisch sowie kulturell lebendige Zuschauerschaft, die sich inzwischen zum Glück immer öfter ihr eigenes Bild über das Präsentierte macht. Deshalb erfordert es ein weit höheres Maß an Wissen, Objektivität, Offenheit, Verständnis und reiterlichem

Können bei den Richtern als Voraussetzungen für eine dem Publikum begreifliche Bewertung.

Bei größeren Dressurturnieren sitzen bis zu fünf Richter um den Prüfungsplatz herum, die, entsprechend der LPO und den damit verbundenen Richtlinien der FN, die gezeigten Ritte getrennt und unabhängig bewerten sollen. Sehr häufig differieren die vergebenen Noten sowohl in den Einzelnoten, in den erreichten Prozentpunkten als auch im Ranking des Gezeigten. Das passiert genau dann besonders häufig, wenn ein Richter dazukommt, der das Ganze zur wohltuenden Abwechslung durch eine neutrale Brille sieht. So ist es durchaus gang und gäbe, dass ein Richter einen Ritt auf Platz 18 setzt und ein anderer denselben auf Platz zwei. Welcher der beiden recht hat, sei mal dahingestellt, aber es zeigt zumindest, dass hier völlige Uneinigkeit herrscht, das Gesehene richtig und objektiv zu beurteilen. Meiner Meinung nach kommt es aber ausschließlich auf die sachlich richtige Beurteilung an. So können Lektionen eines Ritts in den Protokollen eine negative Beurteilung bekommen, die im dazu aufgenommenen Film de facto als positiv, gut und fehlerfrei zu sehen sind. Man darf vermuten, dass nicht einmal mehr das Gesehene, sondern sozusagen im vorauseilenden Besserwissen das sowieso Erwartete bewertet wird, egal, ob es nun gerade zutrifft oder nicht. Wir finden hier durchaus pflichtwidriges, subjektiv motiviertes Verhalten bei der Beurteilung von Ritten.

Wenn wir jene Richtlinien zugrunde legen, nach denen Richter ihre Punkte in Deutschland vergeben sollen, unterlassen sie es demnach bewusst, für einen leistungsorientierten sowie gleichzeitig tierfreundlichen Umgang in der Öffentlichkeit einzutreten. Auf den Abreiteplätzen gibt es inzwischen die Aufsichtsplicht eines Richters, der jeden rüden Umgang mit dem Tier unterbinden soll. Diese Funktion brauchen wir mehr als jemals zuvor! Aber es ist erschreckend, wie wenig oder gar nicht diese Stewards ihrer großen Verantwortung dem Tier gegenüber nachkommen wollen.

Wenn wir nun die Richterei in vielerlei Hinsicht und zu Recht kritisieren, ist es natürlich besser, dies als aktive Turnierreiter, also als direkt Betroffene, zu tun als aus der Ferne. Der aktive Reiter bekommt dann allerdings den „Gegenschlag" seitens eines Großteils der Richterschaft am eigenen Leib zu spüren. Den muss man erst einmal verkraften, und das ist zugegeben nicht immer so einfach. Das Interesse an einer argumentativen fachlichen Diskussion ist meiner Erfahrung nach wenig vorhanden, kann es ohne

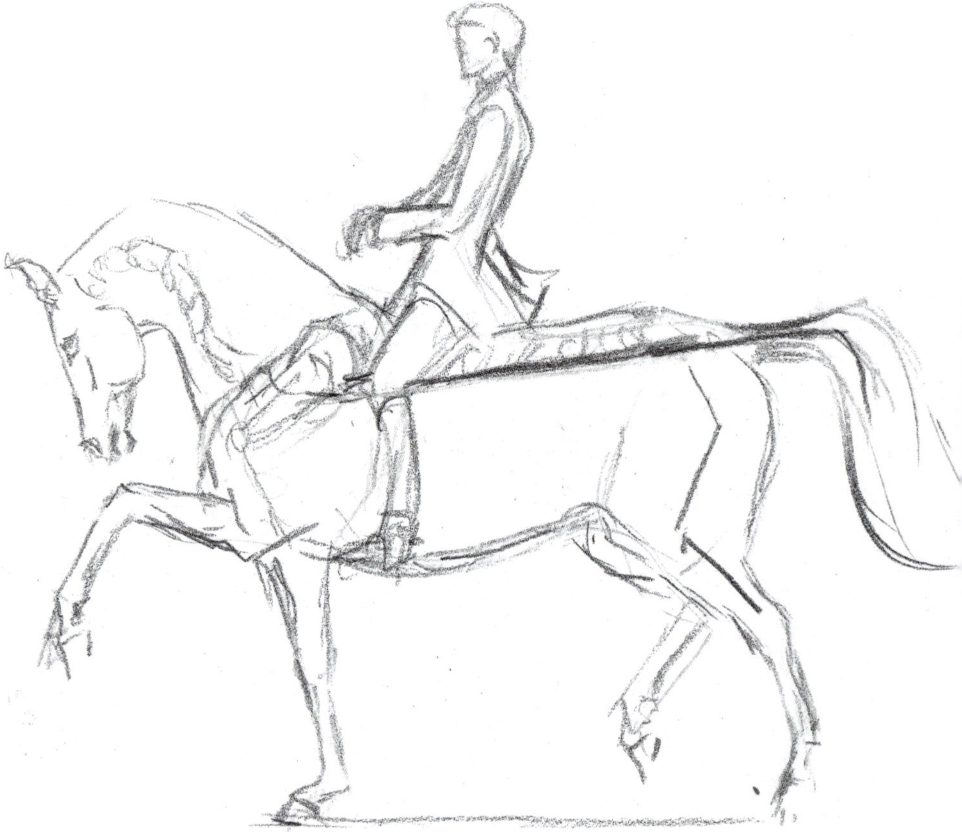

Bezogen auf das Gleichgewicht des Pferdes und die Lage seiner Rückenwirbelsäule sind hier drei Situationen abgebildet.

Das Pferd oben links ist so gezeichnet, wie wir es heute häufig geritten vorfinden. Es geht auf der Schulter, was unschwer zu erkennen ist, da hier die Rückenwirbelsäule bereits abwärts verläuft. Die Hankengelenke sind nicht gebeugt und so kommen die von Natur aus längeren Hinterhandknochen höher als die Schulter des Pferdes.

Das Pferd rechts oben präsentiert sich in seinem Normalzustand im Stehen. Interessant ist hier die Sicht auf die Vorhand, weil es eben nicht ausreicht, den Hals des Pferdes höher zu nehmen, um das horizontale Gleichgewicht einzurichten. Die Rückenwirbelsäule bleibt dabei nach vorn hin abwärtsgerichtet.

Das Pferd unten rechts zeigt sich sehr ausbalanciert, da es die Rückenwirbelsäule dank der guten Beugefähigkeit der Hanke in die Waagrechte bringt.

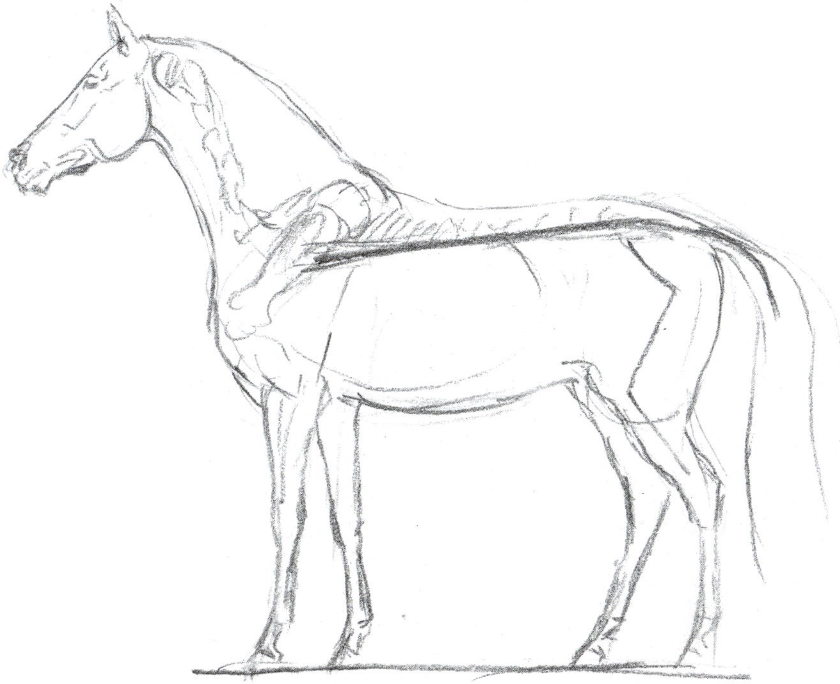

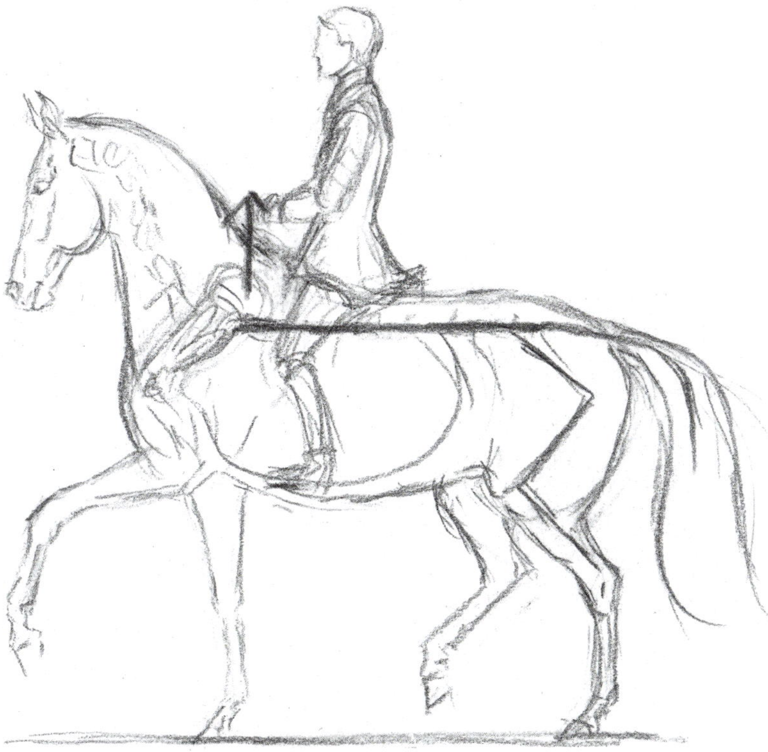

objektive Beurteilungskriterien im Sinne der Richtlinien auch nicht sein. Oft genug bin ich rüde und in despektierlicher Weise abgewürgt worden. Und so braucht man Mut, Nerven und einen langen Atem, um eine positive Veränderung im Sinne einer ehrlichen und guten Reiterei auf den Weg zu bringen. Wir wären aber keine echten Reiter, wenn wir dies nicht längst durch unseren gemeinsamen jahrzehntelangen Ausbildungsweg mit unseren Pferden gelernt, umgesetzt und verinnerlicht hätten.

Die Ausbildung der Richter wird durch dienstältere Richter durchgeführt, die von den reiterlichen Verbänden benannt werden. Dies sind diejenigen Richter oder Ausbilder, die aktuell auf den Einladungszetteln der jeweiligen Veranstalter stehen. Sie sollen nun als Vorbilder für die Neulinge fungieren, die ebenfalls eine höhere Position anstreben. Wir sehen hier unglücklicherweise ein in sich geschlossenes, sich zwanghaft perpetuierendes System der „Ausbildung der Ausbilder", das Meinungsmacher und Abhängigkeiten provoziert – immer eingedenk der Voraussetzung, dass objektives, pferdegerechtes Fachwissen sehr leicht subjektiven Interessen untergeordnet werden kann. Wer will das kontrollieren? Und so finden wir ewig gleiche Verantwortliche, die statt ehrlicher Basisarbeit die Reiterei zugunsten schneller Ergebnisse „vereinfachen" (siehe zum Beispiel Verzicht auf Grußaufstellung), unsaubere Methoden tolerieren oder neu erfinden wollen (LDR und Ähnliches).

In der Hierarchieebene „darunter" richten sich Trainer und Reiter längst nach diesen findigen, oberflächlichen Vorgaben aus, um erfolgreich zu sein. Sie müssten es besser wissen – und besser reiten. Nachdem aber suggeriert wird, dass reiterliche Ziele leicht zu erreichen sind und abkürzende, im Ergebnis pferdeverschleißende Ausbildungswege effektiv zu raschem Ruhm führen, verlieren wir die Ernsthaftigkeit, die in der Sache liegt, aus den Augen: Schon Louis Seeger beschreibt, dass ein halbes Menschenleben nicht ausreicht, um gut reiten zu können.

So jedoch bestimmt genau diese Gruppe von Spitzenreitern, Trainern und Richtern den falschen Blick für angeblich richtiges Reiten, das in Wirklichkeit völlig aus der Balance geraten ist. Wäre die solide – und zweifellos langwierige – Grundausbildung noch Bestandteil des Systems, dann kämen die Verantwortlichen zwangsläufig zu einer anderen Konklusion und würden versuchen, diese Schieflage zu verbessern. Die Verbreitung schlechten Reitens und irreführender Blickschulung mit unsachgemäß und sehr jung

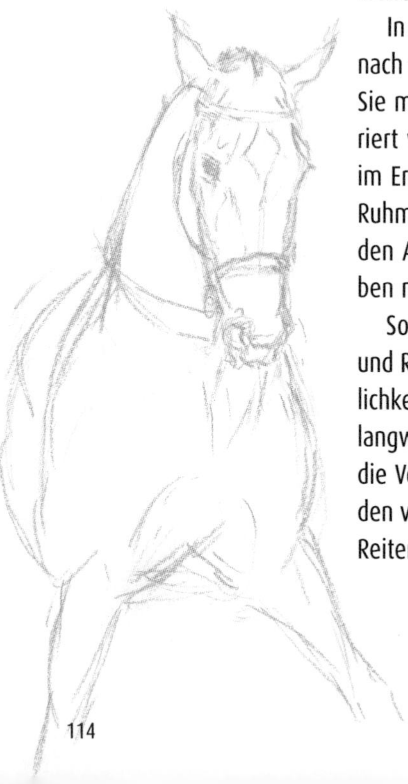

> Schon Louis Seeger beschreibt, dass ein halbes Menschenleben nicht ausreicht, um gut reiten zu können.

zum Erfolg geführten Pferden sehen wir in den Illustrierten, in den sozialen Medien und, sofern es überhaupt noch Sendezeit dafür gibt, auch im Fernsehen. Hier wird dem öffentlichen Dressur- und Turniersport in meinen Augen ein Bärendienst erwiesen!

Doch es gibt sie noch! Die unabhängigen Turnierrichter

Es gibt leider nur wenige unabhängige Richter, die noch Detailwissen haben; das sind rühmliche Ausnahmen. Sie sind sich ihrer großen Verantwortung bewusst und richten pferdegerecht und damit im Sinne der klassischen Reitkunst. Da sie aber nicht unbedingt die „gesetzten" Reiter und Ritte nach vorn platzieren, werden diese mutigen Richter, die der Sache dienen, eben nicht mehr auf die Turniere eingeladen. Sie werden ausgegrenzt und teilweise sogar gemobbt. Das muss sich sofort wieder ändern! Denn genau diese Richter wissen, wie sich ein gut gerittenes Pferd anfühlt, sie können das sehen, erkennen und schätzen. Und nur sie sind in der Lage, den Teilnehmern wichtige Hinweise zur weiteren Verbesserung des Reitens zu geben, sofern sie es annehmen wollen.

Julius Walzer, einer der Topreiter seiner Zeit aus der Kavallerieschule Hannover, schrieb 1920 dazu: „Die richtige und gute Ausbildung des Pferdes ist zeitraubend und setzt viel Verständnis und Talent des Reiters voraus. Würden gut gerittene Pferde besser bezahlt und auf Turnieren die gute Arbeit mehr bewertet werden, so würde man auch bald für die wahre Reitkunst mehr Verständnis bekommen, was zum Segen der Reiter und des Pferdematerials sein würde."

Einige Episoden aus dem Turniergeschehen

Hier gibt es, wie meine Begleiter und ich selbst in Luhmühlen auf dem großen internationalen Vielseitigkeitsturnier vor Jahren sehen mussten, Spezialisten, die direkt vor dem Dressurstart, versteckt hinter einem Pferdeanhänger, dem Pferd, welches keinerlei Maultätigkeit während des Abreitens zeigte, eine weiß schäumende Substanz ins Maul spritzen, damit es so aussieht, als würde das Pferd kauen. Besonders erstaunlich war für mich dabei, wie lange dieser Schaum die gleiche Form und Konsistenz behielt, so war er lange nach der Dressurprüfung noch zu sehen. Reiter, die mit solchen Tricks Richtern und Zuschauern vorgaukeln, dass ihr Pferd aufgrund ihrer exzeptionell guten Ausbildung locker im Genick sei und kauen würde, werden in Deutschland auch noch als „klassische" Reiter gefeiert.

Durch einen Freund meiner Eltern, dessen Cousine Chefsekretärin in einem großen, international erfolgreichen Unternehmen war, erfuhren wir von folgendem erstaunlichen Vorgang. Die Ehefrau des inhabergeführten Unternehmens war damals eine höchst erfolgreiche Reiterin. Die Chefsekretärin musste nun Richter, die für diese Reiterin wichtig waren, auf dem privaten Schiff des Unternehmers zu einer Kreuzfahrt mit Vollverpflegung sowie Geschenken einladen und das Ganze komplett durchorganisieren. Damals war ich ein junger Turnierreiter, der in seiner Naivität noch an den Leistungsgedanken und an die Fairness im Sport glaubte. Zutiefst enttäuscht, änderte dies meine Sicht auf die Turnierreiterei im großen Sport schlagartig.

Es standen Landesmeisterschaften an, und in der LPO sowie in der Ausschreibung des Reitturniers waren die Bedingungen dazu klar geregelt. Mein Bruder Kilian, Jurastudent und zu dieser Zeit selbst aktiver Vielseitigkeitsreiter, und ich waren mit Pferden vor Ort. Ich war Meisterschaftsteilnehmer. So weit – so gut. Abreiten musste jeder Reiter sein Pferd selbst, das war Vorschrift. Als ich damit beschäftigt war, mein Pferd auf die Prüfung vorzubereiten, kam Kilian auf mich zu und fragte, ob es denn zulässig sei, dass ein Teilnehmer sein Pferd von einem bekannten Reitmeister, der gleichzeitig sein Schwiegervater sei, abreiten lasse. Ich verneinte dies, und so zog mein Bruder los, geradewegs zu den Richtern, um das unfaire Verhalten zu monieren. Doch die meinten nur, er solle sich nicht so anstellen, und ignorierten sein Anliegen, zumal er nicht für einen Teilnehmer sprechen könne, dieser müsse schon selbst kommen. Also machten wir uns nach meinem Ritt gemeinsam zum Richterturm auf, um den Beauftragten der Landeskommission (LK) zu sprechen. In der Tat sicherten wir zuvor unseren geplanten Einspruch telefonisch mit unserem Vater ab, der ebenfalls Rechtsanwalt war und uns zustimmte. Doch der LK-Beauftragte und Richter meinte nur, äußerst herablassend, dass wir keine Ahnung hätten und ob wir denn nicht ohnedies zu unerfahren und zu jung wären, um einen solchen Einspruch laut LPO einlegen zu können. Man forderte uns auf, doch bitte zuerst einmal die Einspruchsgebühr zu entrichten, bevor man sich überhaupt irgendwelche Gedanken zum Verstoß machen würde. Das taten wir, und dann ging der Ärger erst richtig los. Aber nicht etwa für den unsportlichen Teilnehmer. Vielmehr wurde er pfleglichst beschützt. Er war ein in der Gegend bekannter Reiter mit Einfluss, der höchst mittelmäßig ritt. Um seiner Disqualifikation zuvorzukommen, rieten die findigen Richter ihm, seine Teilnahme zurückzunehmen – was dann auch geschah, und damit war der Vorgang erledigt. Dieser Reiter wurde später Richter bis in die höchsten Klassen mit entsprechendem Einfluss auf andere Richterkollegen. Wir begegneten uns auf Turnieren immer wieder, aber Freunde wurden wir niemals mehr.

Nach Jahrzehnten der Abstinenz vom Turniersport startete ich wieder in Dressurpferdeprüfungen. Vor meinem Start standen wir am Abreiteplatz und sahen zum x-ten Mal, wie Pferde für eine S-Dressur in äußerst grober LDR-Manier schonungslos zurechtgebogen und entkräftet wurden. Meine Frau sprach den Steward mit den Worten an, ob er denn nicht sehe, dass hier extreme Rollkur geritten werde. Der Richter tat erstaunt und meinte nur: „Sehen Sie, da kommt er doch schon wieder hoch“, und tat es als Bagatelle ab. Das Pferd jedoch durfte zu keiner Zeit mehr den Hals heben. Besonders negativ aufgefallen sind uns an diesem Tag ein Reiter und *eine Reiterin, die per Headset explizit aufgefordert wurden, ihre Pferde in unglaublicher Rollkurweise abzureiten. Die Anweisungen über das Headset wurden von einem Richter erteilt, den ich von früher kannte, als er noch Reiter war. Zu dieser Zeit rief die FN ihre Mitglieder offiziell dazu auf, pferdegerechtes Reiten mehr zu würdigen und Verstöße dagegen sofort zu melden. Das nahmen wir zum Anlass, den Vorgang tatsächlich mit Fotobelegen, auf denen das Pferd-Reiter-Paar unkenntlich gemacht wurde, anzuzeigen, wobei wir zuerst keine Namen nannten, da es uns zunächst nur um eine Stellungnahme der FN zur Methodenpraxis ging. Man forderte uns jedoch auf, Ross und Reiter namentlich zu nennen, damit diesem „Verstoß" nachgegangen werden könne. Skeptisch, aber doch erfreut über diesen unerwarteten Hoffnungsschimmer sendeten wir alle Daten. Viele Wochen später, auf Nachfrage unsererseits, welchen Verlauf die Anzeige genommen habe, teilte die FN nur mit, dass sie den Hergang an die zuständige bayerische Landeskommission zur weiteren Bearbeitung gesendet habe und er nicht mehr in ihrer Hand liege. Unsere Anzeige ist somit im Sande verlaufen, denn auch dort haben wir ergebnislos nachgefragt. Die Folgen für mich als aktiven Turnierreiter können Sie sich vorstellen.*

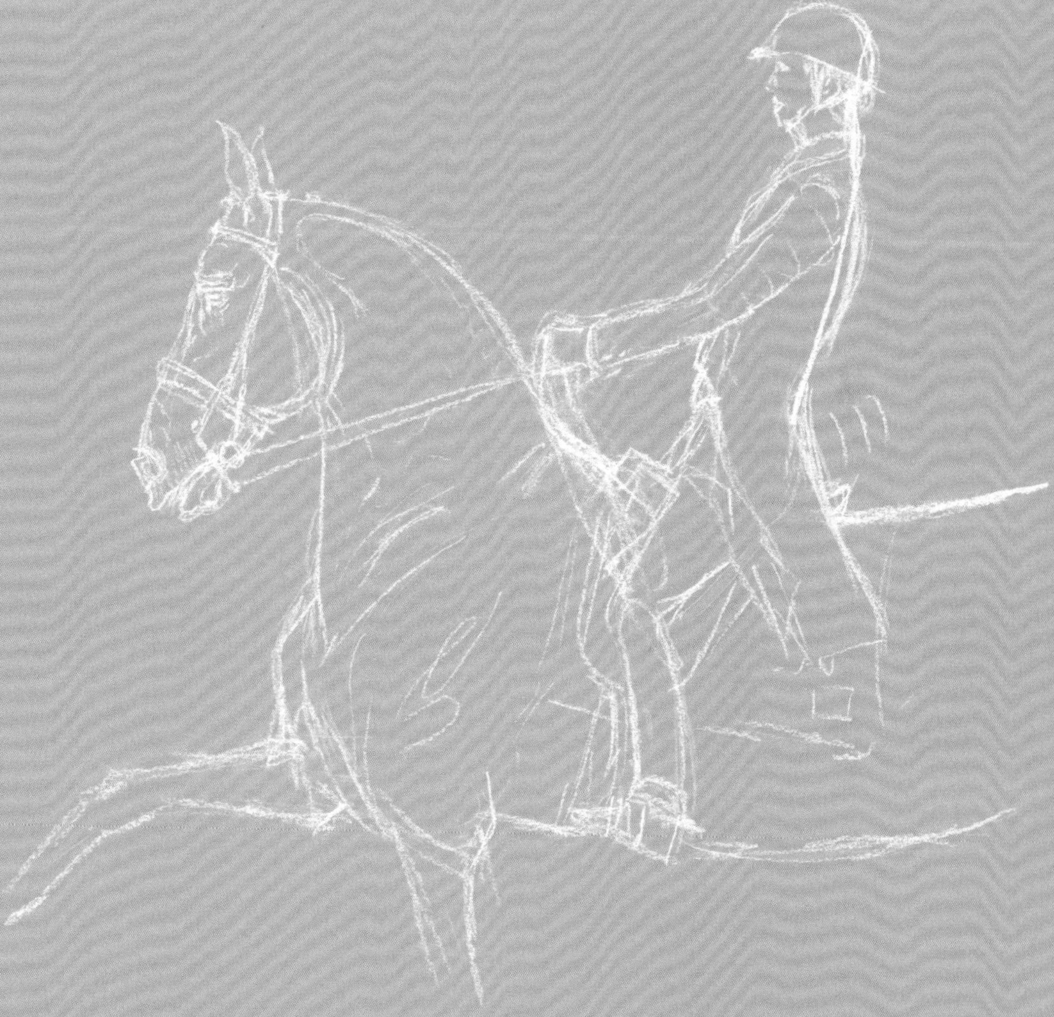

Reitkunst sensibel

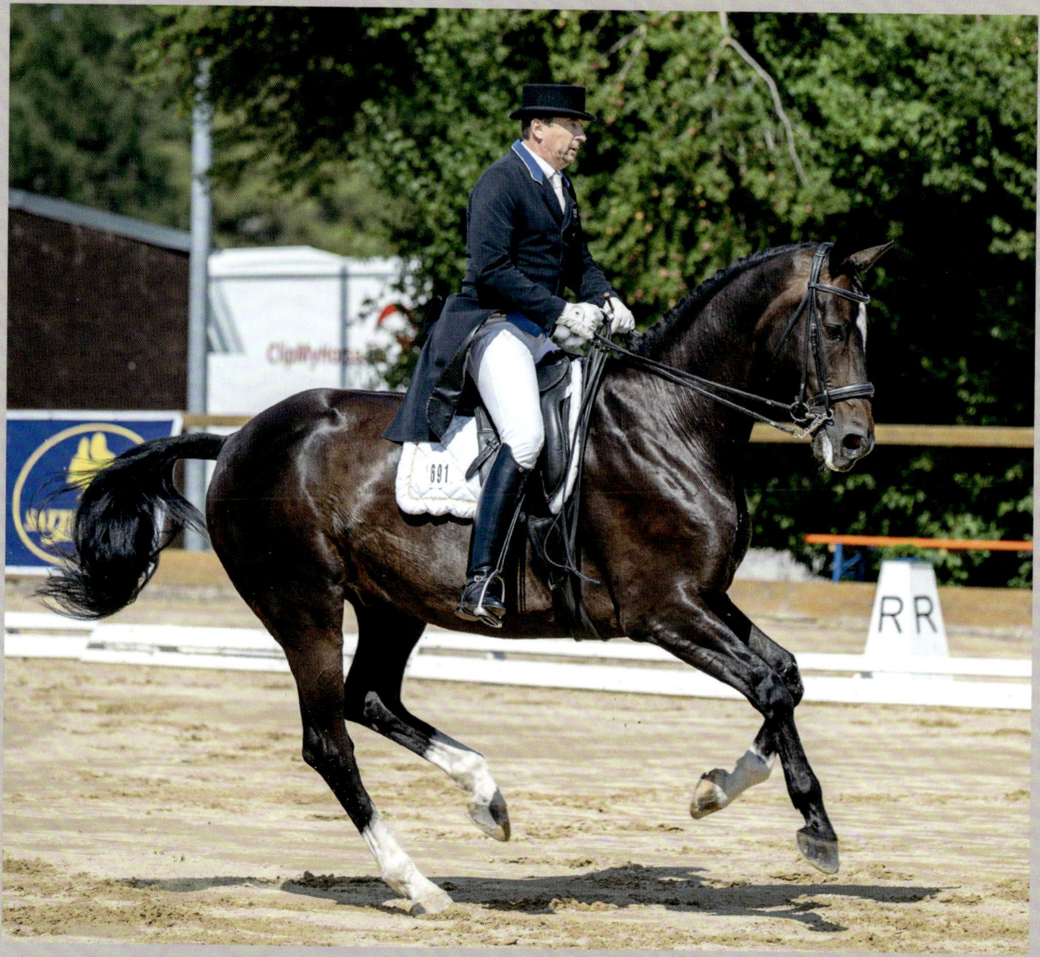

Reitkunst sensibel

Schlussbemerkung

Schlussbemerkung

Behalten wir den Blick fürs Wesentliche

Der Einfluss des heutigen Pferdehandels, der seine Verdienste nur durch schnellen Erfolg erreicht, wirft in seinem ganzen Ausmaß die Reitkunst über Bord, denn jene ist mühsam und bringt kein Geld. Die Folge ist, dass der Laie nur noch mäßige und schlechte Ritte sieht. Da aber entsprechende Arten des Reitens heute hauptsächlich zu sehen sind, empfindet der Zuschauer sie als sehenswert, gut und richtig.

Harmonie von Anfang an versetzt uns in die Lage, die Bewegungsenergie unseres Vierbeiners zu lenken und seine wunderbaren, natürlichen Bewegungen zuzulassen. Die Kooperation und der Gehorsam gehen so weit, dass das Pferd dem Willen des Reiters mit spielerischer Leichtigkeit, geradezu mühelos lässig folgt. Das Pferd und seine Bewegungsfreude rücken optisch in den Mittelpunkt, und der Reiter tritt fast nicht mehr in Erscheinung, denn er hat sein Reitsystem so gut ausgebaut, dass sein Sitz aus sich selbst heraus treibt. Dabei ist es erst einmal unerheblich, welche Lektionen das Pferd ausführt. Es versteht sich von selbst, dass gerade in schweren Dressurlektionen die Bewegungsfreude des Pferdes erhalten sowie alle zuvor erarbeiteten Ausbildungspunkte weiterhin eingehalten werden müssen, sonst verfällt im klassischen Sinne der Wert des Gezeigten.

Das allerdings findet heute so nicht mehr statt. Allerorts werden Bewertungsmuster angelegt, die darauf abzielen, die zu zeigende Lektion deutlich höher zu gewichten als die solide Ausbildung, die während des Ritts deutlich werden sollte. Viele Reiter und Reitsportinteressierte sehen dieses Problem und haben dem Turniersport, insbesondere der Dressur, inzwischen den Rücken gekehrt. Dafür meldet sich aber im Gegenzug der Tierschutz bei den Veranstaltern, was es so noch nie gab. Das Reiten soll nach der Meinung verschiedener Tierschutzvereinigungen nun gänzlich abgeschafft werden.

Besinnen wir uns doch zurück, woher die Reiterei kommt und dass es das Ziel ist, die körperliche Fitness des Pferdes durch das Reiten und richtiges Training zu steigern. Gleichzeitig soll das Pferd so schonend behandelt werden, dass es uns lange dienstbar bleibt und seine Lebensdauer sogar erhöht wird. Wenn wir unsere Lebenszeit auf diesem Planeten betrachten, dann stellen wir fest, dass ein solches Reiterleben nicht so sehr lang ist. Die des Pferdes ist aber merklich kürzer. Es verbleibt nicht so viel Zeit, die wir miteinander verbringen können. Je nachdem, wie wir unser Pferd ausbilden,

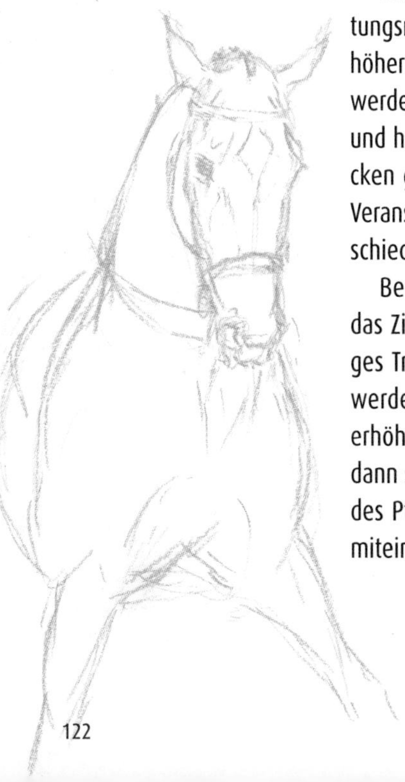

Beachte immer,
dass nichts bleibt, wie es ist,
und denke daran, dass
die Natur immer wieder
ihre Formen wechselt.

Mark Aurel

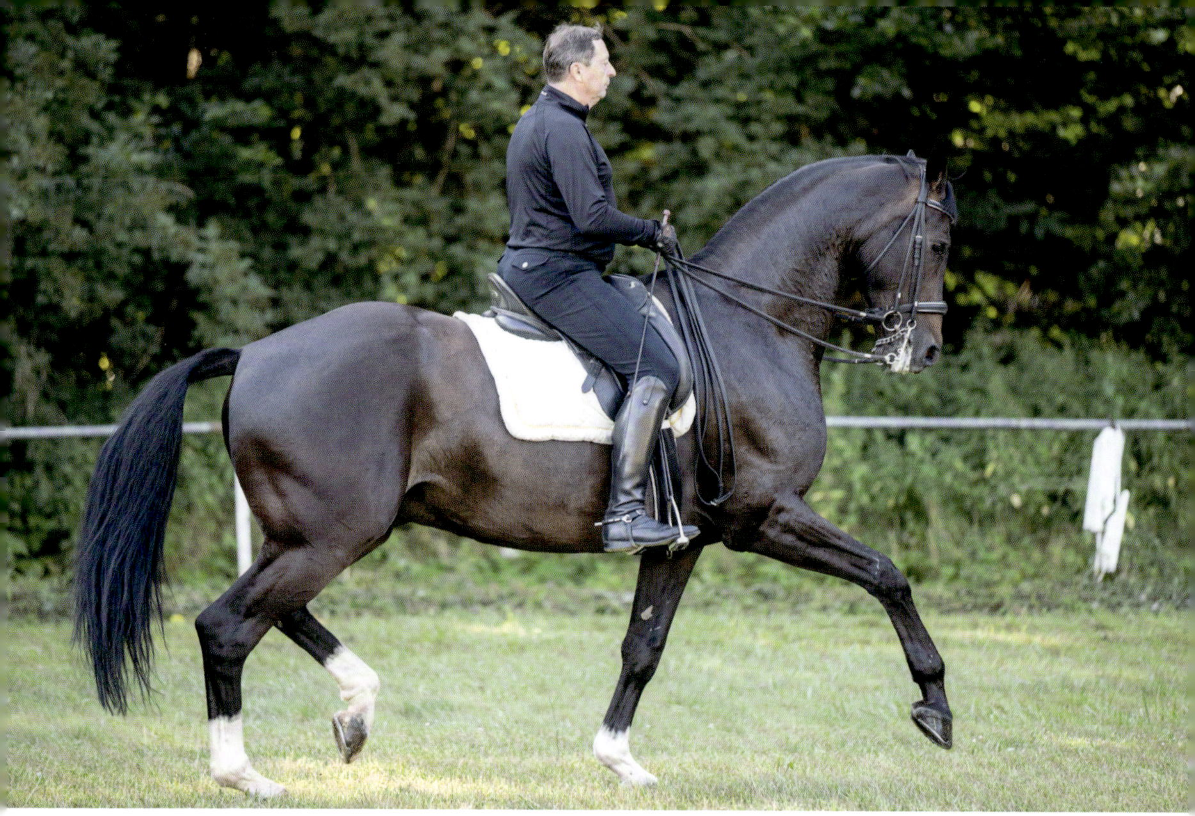

Im Jahr 2020: Scirocco mit elf Jahren zu Beginn seiner leistungsfähigen Hochphase. Willig, energetisch, dynamisch, lässig in seinen ausdrucksvollen Bewegungen. Deutlich ist zu sehen, wie das Pferd den Widerrist anhebt und dafür alle Kraft in die Hanke setzt.

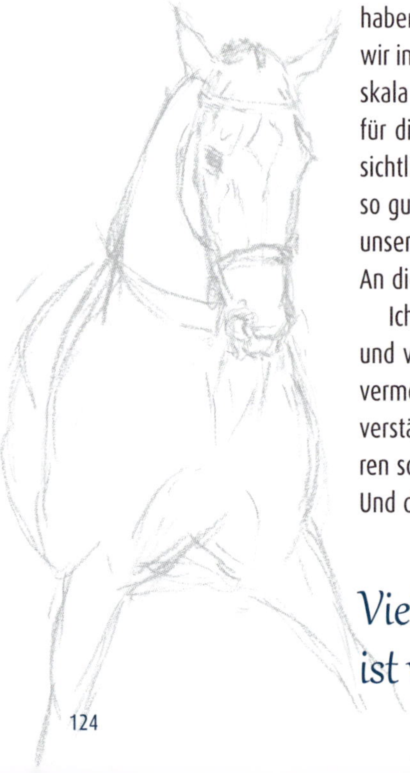

haben wir eben einen längeren oder kürzeren Weg zusammen. Je mehr Zeit wir in die klassische Ausbildung entsprechend den Vorgaben der Ausbildungsskala investieren, umso mehr werden wir profitieren. Das gilt insbesondere für die Hochphase, in der unser Pferd voll ausgebildet ist und uns voraussichtlich am meisten Freude bereitet. Nutzen wir also diese so schöne Zeit, so gut es geht, in der wir auch vom fein ausgebildeten Sekundengehorsam unseres Vierbeiners in allen aufkommenden Situationen profitieren können. An diese Jahre werden wir uns ein Leben lang erinnern.

Ich hoffe, dass Sie in diesem Sinne gemeinsam mit Ihrem Partner Pferd gut und vital durch die heutige Zeit kommen. Lassen Sie sich dabei nicht durch vermeintliche Tipps und Tricks, die durch das Weglassen einer für das Pferd verständlichen und zeitaufwendigen Systematik zum schnelleren Erfolg führen sollen, aus der Balance werfen.
Und denken Sie bitte daran:

Viel zu viel zu schnell –
ist viel zu langsam!

Literaturangaben

Ackermann, Christoph, Mit dem Pferd,
Olms Verlag, Hildesheim, 2019

Bürger, Udo, Vollendete Reitkunst,
Verlag Paul Parey, Berlin,
5. Auflage, 1982

Deutsche Reiterliche Vereinigung e. V., Band 2,
Richtlinien für Reiten und Fahren,
FN Verlag der Deutschen Reiterlichen Vereinigung GmbH, 1990

de la Guérinière, François Robichon,
Reitkunst, Olms Presse, Hildesheim, 1989
Nachdruck der Ausgabe 1817, Marburg

von Heydebreck, Hans,
Die deutsche Dressurprüfung,
Verlag Dr. Rudolf Georgi OHG, Aachen,
2. Auflage, 1972

Hünersdorf, Ludwig, Anleitung zu der natürlichsten
und leichtesten Art, Pferde abzurichten,
Olms Presse, Hildesheim, 2. Nachdruckauflage, 1992

Koch, Ludwig, Campagne-Reitergesellschaft,
Olms Presse, Wien, 1982,
2. Auflage, 1928

von Neindorff, Egon, Die reine Lehre der klassischen Reitkunst
Cadmos Verlag GmbH, Schwarzenbek, 2005/2007/2012

von Neindorff, Egon, Kleine Reit- und Fahrlehre,
Franckh'sche Verlagshandlung, Stuttgart,
2. Auflage, 1977

Reitvorschrift H.Dv.12 v. 18.8.1937,
E. S. Mittler & Sohn

Schmitt, Adolph, Neue Reiterpredigten,
Olms Verlag, München, 2. Auflage, 1909

Seeger, Louis, System der Reitkunst,
Verlag von Friedrich August Herbig, Berlin, 1844

Seeger, Louis, Herr Baucher und seine Künste,
Ein ernstes Wort an Deutschlands Reiter,
Verlag von Friedrich August Herbig, Berlin,1852

Seidler, E. F., Leitfaden zur systematischen Bearbeitung
des Campagne- und Gebrauchspferdes,
Olms Presse, Hildesheim, 1977

Seunig, Waldemar, Von der Koppel bis zur Kapriole,
Fretz und Wasmuth Verlag AG, Zürich, 5. Auflage, 1973

Steinbrecht, Gustav, Gymnasium des Pferdes,
Dr. Rudolf Georgi GmbH und Co. KG, Aachen,
14. Auflage, 1989

Stensbeck, Dreyhausen, Walzer,
Grundzüge der Reitkunst,
Olms Presse, Hildesheim, 1983

Wätjen, Richard, Das Dressurreiten,
Paul Parey, Berlin, 5. Auflage, 1966

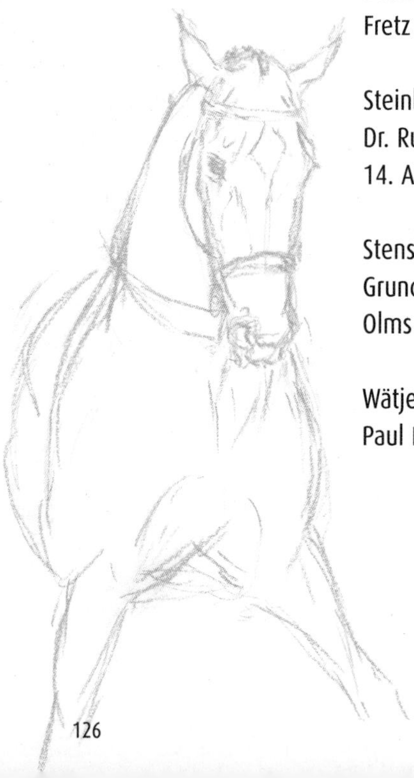

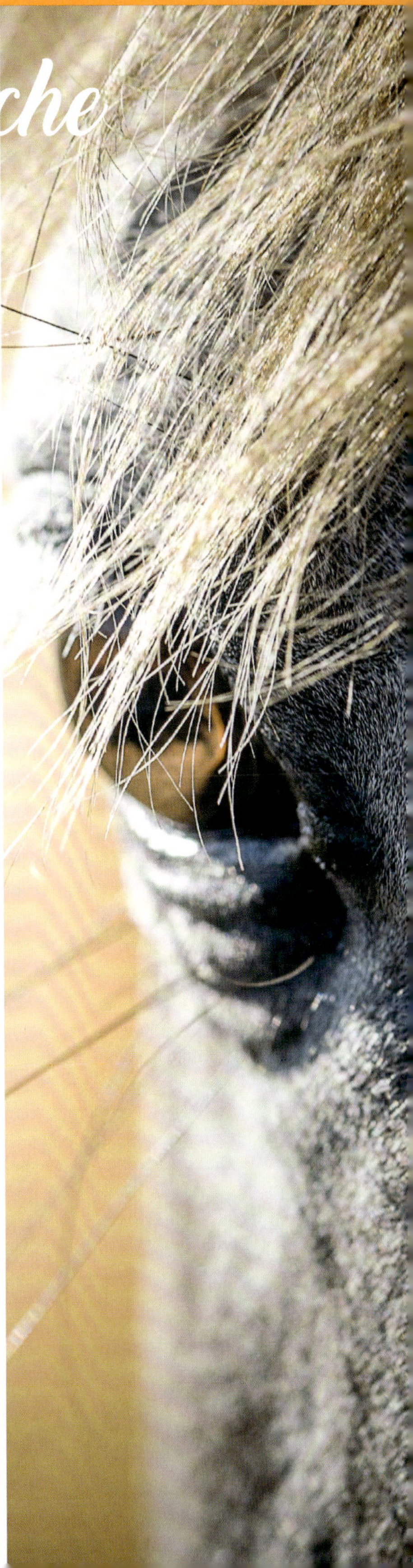